野球食

FOOD FOR BASEBALL PLAYERS

海老久美子 著
全日本野球チーム管理栄養士

野球食

FOOD FOR BASEBALL PLAYERS

はじめに

～「野球食」って何だ～

「野球食」は「宇宙食」ではなく「野球食」なのだ。

野球は地球のスポーツ。地球は水の惑星といわれている。「野球食」も水と水を含んだ生きている食べ物が主役だ。宇宙食のような錠剤や粉末は脇役。主役になることはない。地球で野球をする体が、地球の恵みをしっかり味わうことが「野球食」なのだ。

「野球食」は「給食」ではなく「野球食」なのだ。

野球をしている体が何を欲しがっているか、一番知っているのは自分だ。食べることを人に任せて、与えられたものを食べているうちは、野球のできる体は作れない。体の中の声を聞き、食べ物を自分で選ぶ。食べる責任をしっかり味わうことが「野球食」なのだ。

「野球食」は「運動食」ではなく「野球食」なのだ。

野球もスポーツのひとつ。食事を考える時、スポーツ栄養は大事な要素。でもそれだけじゃない。野球には、野球の特性がある。野球選手ならではのいろんな場面の食べ方がある。その具体的なひとつひとつの方法をしっかり味わうことが「野球食」なのだ。

「野球食」は「ベースボール食」ではなく「野球食」なのだ。

野球とベースボール。オリンピック参加、日本人メジャーリーグ選手の活躍と野球の国際化が加速している。でも「野球食」の基本は日本の食事。決して「ベースボール食」にはならない。それぞれの風土と食べ物をしっかり味わうことが「野球食」なのだ。

「野球食」は「理想食」ではなく「野球食」なのだ。

この本は理想を教えた本ではなく使う本。野球の道具のひとつだ。気づいたことを書き込んだり、メニュー集は別にして、お母さん用に台所で毎日使ってもらってもいい。この本がボロボロになるまで道具にすれば「野球食」はしっかり体で味わえるのだ。

でも、できたらこの本は、どんなにボロボロになっても捨てないでほしい。とことん使ったあともそのまま持っていてほしい。そして、自分が親や指導者になった時、もう一度読み返してみてほしい。選手の時とは違った味をきっと感じてもらえるはずだから。

最後に「野球食」を作る原動力となった、たくさんの感動を共有してくれた全国各地の選手・指導者・父母のみなさんと、「野球食」を一緒に作ってくれた個性豊かな才能ある人たち、そして「野球食」を手にとってくれたすべての人に、心から感謝します。

海老　久美子

野球食―目次

企画・構成／吉村 淳

料理・カバー写真／桜井ひとし
本文イラスト／首藤智恵
ブックデザイン／池田進吾(67)

野球食

TEXT FOR BASEBALL PLAYERS

1回表～延長10回裏

1回表

食べるにも体力は必要だ。まずはしっかり食べられる体作りを

ウエイトトレーニングでは筋肉は作れない

筋肉をつけるために、きっとみんな一生懸命ウエイトトレーニングをしていると思う。

酷なようだけど、ウエイトトレーニングをいくらやっても筋肉は作れない。どんなに優れたトレーニングプログラムでも無理。

こういうことをいうと、たいてい「え？」って驚かれるけれど、驚いた選手は冷静になって考えてほしい。例えば、家を建てる時のことを考えてみよう。有名な設計者、腕のいい大工、そして最新の道具を揃えても家は建たない。そう、材料がいる。木やセメントやレンガが家になるのだ。

筋肉も同じこと。いくらトレーニングに気を配っても、材料が入ってこない

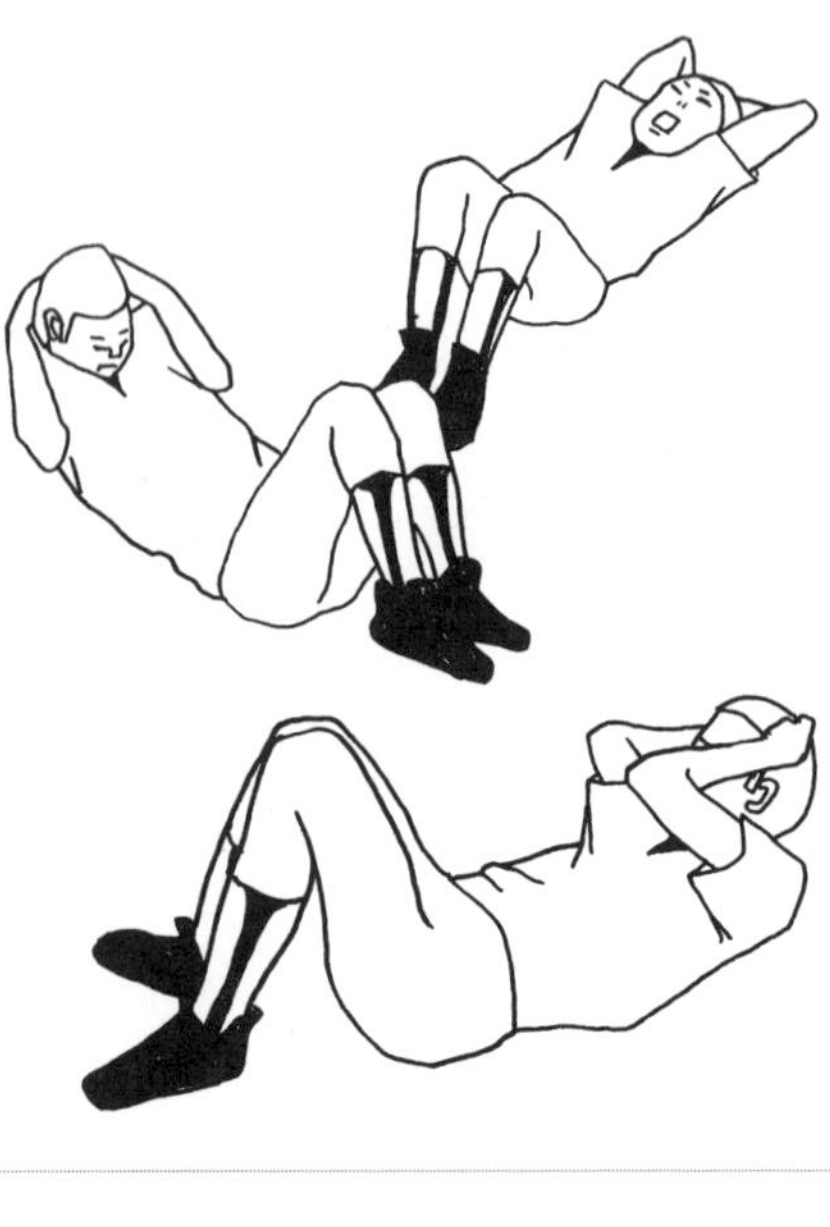

と筋肉はできない。筋肉は生み出すのではなく、取り入れたものを鍛えて作り上げるのだ。よくトレーニング直後のパンプアップした筋肉の状態を「筋肉量が増えた」と勘違いしている選手がいるけれど、これは筋肉に血液が集まって一時的に腫れているだけ。筋肉が大きくなったわけではない。見とれていないで早くストレッチしよう。

本当に筋肉が作られるのはここからだ。筋肉に入れた材料が、トレーニングという刺激を受けて新たな筋肉になる。つまり「食べなきゃ筋肉は作れない」のだ。ちょっと考えてみれば当たり前のこと。でも、その当たり前ができていない野球選手がとても多いのだ。

選手は、食べることを食欲を満たすためだけと考えていてはいけない。ノックと同じように、素振りと同じように、野球がうまくなるための一番の基本であると考えてほしい。

食べられるのも体力なのだ

「だったら何を食べたらいい?」ってことになるけれど、その前にもうひとつ、気がついてほしいことがある。食べるためにも体力がいる、ということ(*1)。「食べるのにそんなに体力がいるの?」と疑った選手は思い返してみてほしい。

例えば、練習から家に帰って、おなかはすいているはずなのに疲れて食べられない経験、ないだろうか? 疲れきった体は食べることさえできなくなる。

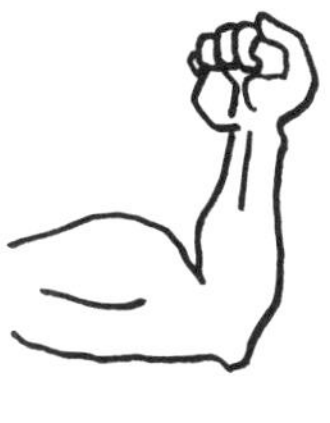

*1
特に夏場など、そんなに熱いものを食べなくても汗をかいたり、体が火照ってきたりすることは知っているだろう。食べ物が入ってくるということは、それくらい体を刺激しているのだ。

「いくら食べても太れない」って感じている選手も多いだろう。この多くは内臓が食べ物を十分に受けつけられない状態が原因。きちんと消化し、必要なものを吸収できないのだ。これではいくら食べても食べ物は、ただ体を通過するだけ。何のために食べているのかわからない。

例えば「試合の前は食べられない」選手。試合中のエネルギーを考えれば食べたほうがいいのはわかっていても、体が食べ物を受け入れる力がない。

このように、しっかり食べられるのも体力なのだ。打力や守備力、走力、そしてスピードボールやキレのいい変化球を投げるための力の基礎となる、野球をするための実力のひとつなのだ。野球選手の体作りは、まず「食べられる体力」をつけるところからはじめよう。新入部員たちも、新しいグラブの品定めをする前に、自分に「食べられる体力」があるかを必ずチェックしよう。中学から高校に上がってきた選手で、この体力がある選手はほとんどいないと思っていい（＊2）。このまま高校の練習に参加するのは無茶というもの。

では「食べられる体力」をどうやって作るか？　ポイントは「貪欲に消化吸収できる体にする」こと。そのためのトレーニング方法を紹介しよう。「食べられる体力」がしっかりつけば、どんな時でもしっかり食べられ、イザという時、少々無茶な食べ方をしたって大丈夫な、タフな体になることができる。

＊2
ただし、一番の成長期だけに食べる体力をつけやすい時期でもある。

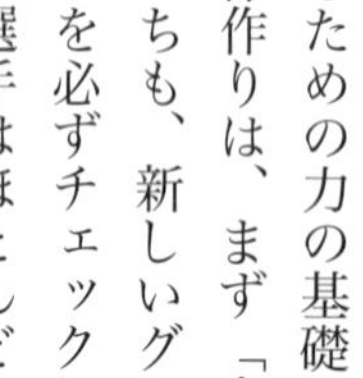

「食べられる体力」をつけるトレーニング法

●トレーニングその1「よくかむこと」

消化は食べ物が口に入った瞬間からはじまっている。歯で砕き、唾液、つまりツバで分解している。かめば、消化を助けることができる。よく、いっぱい食べようとして早食いになり、ほとんどかまずにのみ込んでいるような食べ方をする選手がいるけれど、これでは、口の中での消化ができない分、消化に時間がかかる。内臓の負担にもなる。内臓が疲れていれば消化不良を起こしやすくなる。どんなにいっぱい食べても、体を通過するだけではダメなのだ。野球をするために一番基本であり、一番大切である自分の体を作るために必要不可欠な食べ物、素通りさせるだけじゃあまりにももったいない。食べたものを効率よく体のためになるように消化吸収するために、毎食、一口ごとにしっかりかむことを意識しよう（＊3）。

●トレーニングその2「水分補給をこまめに」

水分の重要性については3回表に書いているけど、水分の取り方を間違えると、食事は取りにくくなる。水は食べ物と一心同体、つまりチームメイトみたいなものなのだ。例えば、夏の練習前や練習中にしっかり水分を取らなくて、練習後にはノドが乾ききり、いくら水を飲んでももっと水分が欲しくて、固形の食べ物が思うように食べられない経験はないだろうか？

＊3
一流のプロの中には、奥歯がボロボロになっている選手もいる。打つ瞬間に、とても強い力で歯をかみしめるからだ。かむ力がなければ、強い打球は打てない。

他の競技に比べて天候が関係し、技術の習得とチームプレーのために、野球はどうしても炎天下の屋外での練習時間が長くなりやすい。この間に水分がうまく取れなくて、食べられなくなってしまったり、おなかを冷やして消化不良を起こす選手がとても多いのだ。試合と同じで先手必勝。

水はノドが乾く前にこまめに少しずつ飲もう。

●トレーニングその3「姿勢を正し、腹筋を鍛える」

犬や猫にバットやグラブは持てない。野球ができるのは、人間が2本足で立って生活ができてこその技だ。でも、立っている状態というのは内臓が引力に対して垂直になる。犬や猫のような4本足動物に比べ内臓が高い位置にあるので、下に引っ張られる度合いが強い。だから、体幹部、特に腹筋が弱くなると、内臓は下に垂れやすく消化吸収能力が悪くなるのだ（＊4）。

野球選手は、カッコだけではなく食べるためにも腹筋を鍛えよう。その第一歩が姿勢。最近の高校野球選手を見ていて気になるのは、座っている時や歩いている時、すでに体全体が引力に負けちゃっているような姿勢の悪さ。腹筋が弱れば姿勢も崩れる。いくら「腹筋は1日100回やってます」といってきても、「その運動、本当に腹筋に効いてるの？」って聞きたくなる姿勢の選手も多いのだ。

コンビニの前でヤンキー座りしながらカップラーメンをかき込むのは、スポーツの楽しさや、自分を鍛える喜びを知らない連中に任せておこう。姿勢を正

＊4

胃下垂というのを聞いたことがあるだろう。胃が垂れ下がった状態になることだ。胸が狭く平らで、筋肉・骨格の発育が悪い体質の人がなりやすいので、腹筋を鍛えることは大切なのだ。

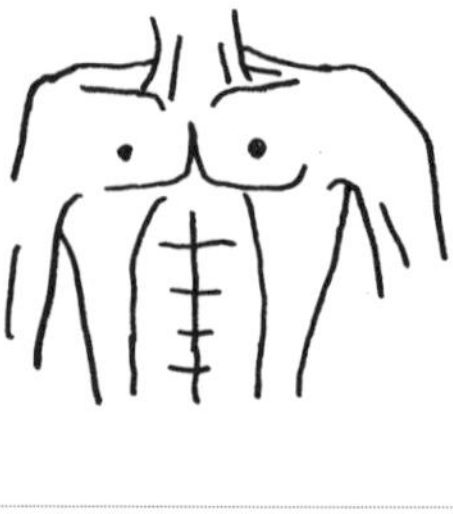

し、リアルに効く腹筋運動（＊5）を毎日やることは、食べられる体を作るトレーニングでもあることを忘れずに。

腹を決めよう。姿勢を正し、そしてしっかりと腹筋を鍛えよう。

●トレーニングその4「朝型の食べ方をする」

プロじゃない限り、通常、野球の試合は日中に行なわれる。ということは、そのエネルギー源は午前中にしっかり取る必要がある。

朝からしっかりごはんを食べられるだろうか？　ちゃんとおなかがすいて起きる生活習慣が身についているだろうか？「朝が一番食欲旺盛」が最も望まし

＊5
雑な腹筋運動は、逆に腰を痛めることにもなりかねない。「リアル・シットアップ」という言葉もあるので、自分の腹筋運動が「リアル」かどうか一度きちんと見直してみよう。

父母へ

「親子でストレッチと腹筋のススメ」

「腹筋の低下で老化する」のは選手ばかりじゃない。加齢という面では大先輩である親の世代にはもっと切実な問題。「子は親の背中を見て育つ」。親が選手の姿勢や行動を気にしているのと同じように、子である選手も父や母の姿勢、そして腹の形もしっかり見ている。腹のゆるみや姿勢の悪さ、年齢のせいにしてあきらめていないだろうか？　まだまだ親世代だって間に合う。選手と一緒に腹筋運動をしてみよう。これは腰痛の防止にも効果絶大。いつも教えられてばかりの選手も、親に腹筋運動のやり方を教えるとなれば俄然張りきるに違いない。それに、腰が痛ければ、台所でおいしい食事も作れない。選手の「食べる体力」のためには、親の「作る体力」が必要不可欠なのだから。

指導者へ

「栄養と栄養素の違い」

「栄養」の話というと、「食べ物」の話と思っている指導者が多いようだ。「食べ物」＝「食事」＝「料理」＝「母親」ということで、選手の母親にとって負担になることがある。私へのセミナー依頼も、「選手抜きで母親だけにお願いします」というのも少なくない。何回かの指導の中にはそれも必要だが、まずその前に大切なのは選手の自覚。「栄養」とは食べ物を受け取った「体の営み」のこと。食べ物にはいろいろな「栄養素」が含まれているが、それを消化吸収し「栄養」にしていくのは選手自身の体なのだ。どんなにいい食事を母親が目の前に出し続けても、食べる選手にその意識と体力がなければ何にもならないということを、選手とともに指導者にも一番最初に理解してほしい。

いのだ。朝しっかり食べると、胃も、いわゆる「胃が大きくなる」状態になり、その後も一日、必要な量のごはんをちゃんと食べることができる。なにかと夜まで食べ物が手に入りやすい世の中。でも、夜中までだらだら食べていては、内臓に負担をかけ、熟睡できないことになる。

日中たくさん食べて酷使した内臓を、夜はおなかをすかせてしっかり休ませるのも大切なトレーニングのひとつだ。朝、思うように食べられない選手は、夜に食べているものを見直そう（＊6）。夜中の食べすぎは筋肉にはならない。脂肪になるか、内臓を傷つけるだけの結果に終わる。

朝ごはんがいっぱい食べられる体力をつけよう。

＊6
夜に食べるものといえば、インスタント食品やお菓子が多くなりがちなので、栄養的にも意味がない。

「食べられる体力」をつけるトレーニング法

その①
よくかむ

その②
水分はこまめに

その③
姿勢を正し、腹筋を鍛える

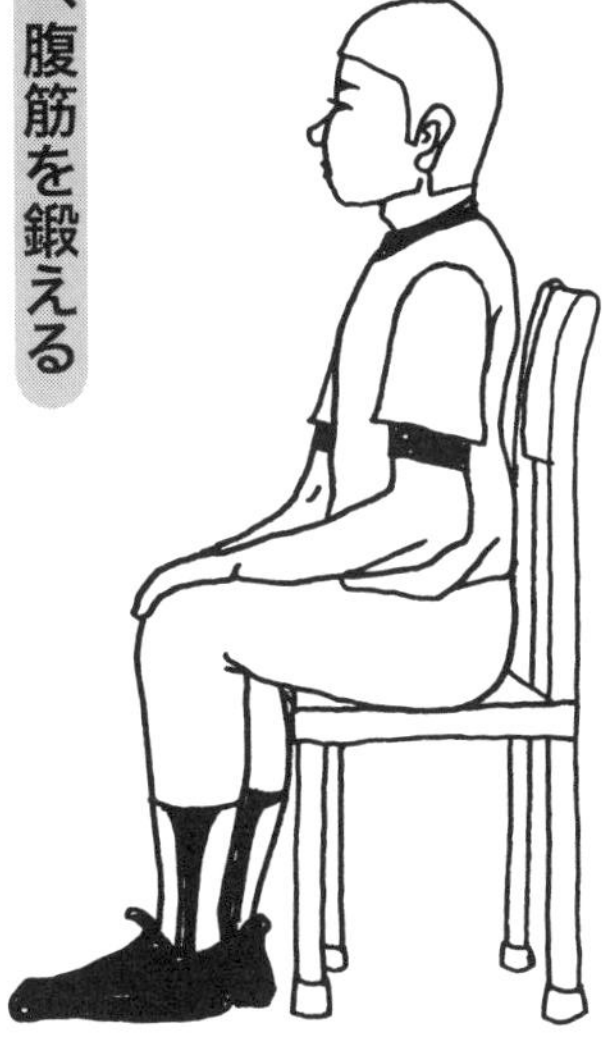

その④
朝型の食べ方をする

知ってるようで本当は知らない。プロテインの正体

プロテインって、効くんですか？

10年前も今も、こう聞いてくる選手がとても多い。

あと「いつ飲むと一番効くんですか？」というのもよくある質問。質問を質問で返すのはよくないことだけど、私はつい「プロテインって、日本語でいうとな～んだ？」って聞いてしまう。すると、答えられない選手が意外に多い。

さて、プロテインってな～んだ？

プロテインは直訳するとタンパク質（＊1）。そう、肉や魚や卵や豆や乳製品にいっぱい含まれている体の材料となる栄養素だ。だから豚のしょうが焼きを食べても、目玉焼きを食べてもプロテインはちゃんと取れるのだ。

一般に選手が「プロテイン」と称しているのはプロテインパウダーのこと。

＊1　プロテインの語源は、ギリシャ語で「第一の」という意味の言葉。体の材料だから「第一」なのだ。

牛乳や大豆などのタンパク質源から脂肪を取り除き、吸収のよい形にしてビタミンやミネラルなど各種栄養成分を加えた粉末の食品(＊2)。

商品によっていろいろだけれど、一回使用量に含まれるタンパク質の量は7～13g程度。牛乳に溶かして飲んでも多くて20g以下。20gのタンパク質は大きめの鮭一切れに含まれるのと同じくらいの量になる。「あれだけ飲んでたった鮭一切れ？」と思った選手は、プロテインパウダーの味が好きじゃないんじゃないかかな？逆に「あれっぽっちで鮭一切れ分も」と思った選手は、逆に鮭や魚嫌いかな。どっちにしても、この機会にプロテインパウダーと食べ物の関連性をきちんと考えてみよう。

プロテインパウダーも鮭と同じ立派な食品。薬じゃない。20gのタンパク質を鮭で取るのか、プロテインパウダーで取るのかは、その日の状況に合わせて選べばいい。

野球選手に必要なプロテインは体重(kg)×2g

では、成長期の野球選手に必要なプロテイン（タンパク質）の量はどのくらいだろう。運動をしない一般成人でその必要量は体重1kgあたり1・03g。体重60kgの人だったら60gとされている。成長期の野球選手の場合、およそその倍の体重1kgあたり2g程度を目安にするといいだろう。体重60kgの選手の場合120gくらいだ。数字だけじゃきっとピンとこないと思う。詳しくは後ろ

＊2
プロテインパウダーには動物性、植物性があるが、最近では牛乳から抽出したホエイ・タイプのものに人気が集まっているようだ。

の項に出てくるけれど、この量は1日3食の食事で毎食に肉、魚、豆、卵のおかず1～2品程度と、乳製品を食べていれば決して不足する量ではない。

タンパク質（プロテイン）は、体の材料になるとても大切な栄養素だけれど、多く取ればいいってものでもない。タンパク質の取りすぎは、内臓に負担をかけることになるのだ。何事も適量を知ることが必要なのだ（＊3）。

だから、まず、今の食事でプロテインが足りているかどうかをチェックして、足りない時に何で補うかを考えよう。

足りないのは「プロテイン」じゃなかったりする

これは、私が多くの高校野球選手を見てきた経験で感じることだが、今の選手の食生活は、スナックと肉類が中心で、野菜や魚、乾物類を食べる量が少ない傾向にある。この場合、プロテインは足りているけれど、ビタミンやミネラル、食物繊維が不足し、脂肪の取りすぎになりやすい。

でも、こういう選手たちが時々「プロテインを飲むと調子がいい」といってくる。プロテイン自体は食事で足りているのになぜなのか？　その原因は、どうも多くのプロテインパウダーに添加されているビタミン、ミネラルなどの栄養素にあるようなのだ。要するに、本来、食事から取らなければいけない栄養素を、知らないうちにプロテインパウダーに頼ってしまっているのだ。

こういう栄養補助食品（サプリメント）（＊4）の取り方が一番怖い。バント

＊3
実際、筋肉をつけようとプロテインパウダーやアミノ酸を山のように飲んでいたボディービルダーが、肝機能障害で入院したのを知っている。ボディービルダーでさえこうなのだから、ジュニア選手は取りすぎには細心の注意が必要。

のサインを見逃したあげくに、やたらにバットを振ったらたまたまヒットになったようなもので、長くは続かない。目的を持って、狙いを定めてプロテインを取らなければいけない。ビタミンにしてもミネラルにしても、取りすぎが逆効果になるものもあるのだから。

だから、やみくもにプロテインパウダーを飲む前に、何が自分に足りなかったのかチェックし、ダイレクトに自分に足りない栄養素を補う工夫をしたほうがよりよい体調を得られるはずだ。プロテインパウダー以外にも体調をよくする食べ物はいっぱいあるのだから。

栄養補助食品の選び方にはコツがある

プロテインパウダーに限ったことではなく、すべての栄養補助食品にいえることだけど、まず、自分の現状、食事の内容を一度しっかり見直すこと。そのうえで、補足する食べ物のひとつの選択肢として考えるのが、その名の通り「栄養補助食品」なのだ。プロテインパウダーもビタミン剤も魔法の粉や錠剤ではない。

栄養補助食品を選ぶ時、気をつけたいのは価格と原材料、そして内容成分。一回使用量あたりいくらかかって、その際に取れる栄養素はどういうものがどのくらい入っていて、それが何から作られているのかは知っておきたい。中にはそれらがはっきり明記していないものもあるが、その場合は、各メーカーに

＊4　近頃では「サプリメント」という言葉がひとり歩きしているが、いうまでもなく「サプリメント」という栄養成分があるわけではない。不足させたままでいい栄養素はないが、絶対にサプリメントから取らなければならない栄養素というのもない。何が必要なのかは、選手一人一人で違うのだ。

問い合わせてみるといいだろう。その際、これらのデータがはっきり出てこないメーカーのものは基本的に信用しないほうがいい。同時に価格が食品のレベルを超えるほど高価な場合も疑ってみる必要がある。

また、一回使用量はうのみにしないこと。どの程度、自分に必要なのかは、それぞれの食事内容に関わってくることなのだ。また、前記したプロテインパウダーの例でもわかる通り、栄養素は多ければいいというものではない。例えば、ビタミンAやビタミンDなどは、ビタミンという名はついているけど、取りすぎると過剰症がある（＊5）。試合の得点は多いほどいいけど、栄養素はそうもいかないことがあるから、ちゃんと覚えておく必要があるのだ。

さらに、吸収が早いということがいいとも限らない。吸収が早いということは、水溶性の栄養素の場合、使われなければそれだけ早く外に出ていってしまうことでもあるし（＊6）、一度に大量に吸収されることは、内臓の負担になる場合もあるのだ（＊7）。

栄養補助食品が活躍する時

あえて今まで栄養補助食品についてネガティブなことばかり書いてきたけど、人間が食べられる食品に基本的に善し悪しはない。必要な栄養素をすべて無農薬無添加の食べ物から取るのが理想なんだろうけど、現実的にそこまでは無理だし、ストイックになりすぎると食べるという行為が本来持つ楽しさや喜びま

＊5 ビタミンAやビタミンDは水に溶けず油に溶け出す脂溶性ビタミン。水溶性ビタミンのBやCのように取りすぎたり余った分が尿と一緒に排出されないで、体に蓄積されるので過剰症がある。

＊6 そのため、水溶性ビタミンのBなどのサプリメントは、Sustained Releaseという少しずつ吸収される形にしたものもある。

＊7 特にビタミンCは、大量に取ると刺激が強いので、Bufferedタイプの刺激を弱めた商品も出ている。

でも失ってしまう。大切なのは取り入れ方なのだ。

プロテインパウダーは携帯しやすい。大きめの鮭一切れをいつも携帯していようとは思わないだろうし、遠征時や合宿など、どうしても食事でプロテインが足りなくなりそうな時は便利な食品だ。また、夏などどうしても朝ごはんが食べにくい時も取りやすいし、練習が終わって家に帰るまで時間がかかる時の補食のひとつとして考えてもいいと思う。

心配なのは、それが何かよくわからないままに「効果」を求めて頼りきってしまうことだ。特にスポーツ選手は体作りとパフォーマンスの向上のため、何

父母へ

「横文字ラベルに惑わされないで」

息子がプロテインを買ってくれといってきたら、「それって何？　何のために飲むの？」と聞いてみよう。で、納得できる答えが返ってくるまで、何度でも聞き返そう。プロテインパウダーをはじめ多くの栄養補助食品には横文字やカタカナがいっぱい書いてあって、それがなにやらとても効きそうに感じると思うが、これらはあくまで食事の補助。今の食事の中でどうしても取りきれない栄養素をサポートするもの。だから、その足りないものは何なのか？　それを補うためにどうしてこれがいいのか？　は選手自身の責任で知っておかないといけないことなのだ。「よくわからないけど、効くんだって」なんていってくるうちは、絶対お金は渡しちゃいけない。

指導者へ

「指導者とサプリメントのスタンス」

おそらく指導者のもとへは、いろいろなサプリメントの情報が入ってくると思う。しかし、よいものなら使いたいが、実はなんとなく縁故のあるものを時々チームで取り入れてみたり…という指導者が多いのではないだろうか？　チームで一括して取り入れる時には、その商品についての説明（コンセプト、成分、使用頻度、価格、個人差など）はメーカーから直接しっかり聞くこと。また、同時にメーカー外の栄養士や保健教諭、医師などサプリメントに詳しい人の意見も聞くといい。そして、期限付きで取り入れ、一定期間後、今後も必要かどうかしっかり評価を下すことが大切。選手一人一人の食事が違う場合は、そのサプリメントがすべての選手に必要とは限らないのだ。

かに頼りたくなってしまう状況が多い。でも「ポパイのほうれん草」は、人間にはない。何かそれだけを食べていれば筋肉がモリモリついてきたり、急に強くなったりすることは絶対にない。あるとすればそれはドーピングなのだ。サプリメントは、頼るのではなく補うものであることを忘れないでほしい。だいたい、考えてみてほしい。カナリアや金魚のように「エサ」だけ食べて生きていければ楽なようだけど、それじゃ全然楽しくない。それに、寝転がってサプリメントを飲んでいるだけで野球がうまくなるのなら、チーム練習など本気でやらなくなるだろう。そこからチームワークは生まれない。一緒に汗を流してがんばった友情は生まれない。

成長期からとりあえず何かに頼るというような、精神的なドーピングのクセをつけることはあってはならない。もちろん、将来的にもダメだ。人間がアンドロイドのようになるのは映画の中だけにしておこう。だからこそ、ちょっと変わった形の食品には、その分、考え方、選び方、使い方をはっきりさせておく必要があるのだ。

タイプによってこんなに違う
プロテイン栄養成分比較表 (100gあたり)

●高プロテイン含有タイプ

エネルギー	394kcal
タンパク質	86.9g
脂質	0.8g
糖質	5.1g
ナトリウム	206mg
カリウム	416mg
カルシウム	646mg
マグネシウム	104mg
鉄	17mg
ビタミンA	2000IU
ビタミンB_1	1.1mg
ビタミンB_2	1.2mg
ビタミンB_6	1.6mg
ビタミンB_{12}	2.4μg
ビタミンC	100mg
ビタミンD	100IU
ビタミンE	10mg
ナイアシン	17mg
パントテン酸	5mg
葉酸	200μg

●ウエイトダウン(ダイエット)タイプ

エネルギー	360kcal
タンパク質	56.0g
脂質	2.7g
糖質	30.0g
ナトリウム	370mg
食物繊維	5.6g
灰分	4.5g
ビタミンA	5000IU
ビタミンB_1	2.50mg
ビタミンB_2	3.50mg
ビタミンB_6	5.00mg
ビタミンB_{12}	5.00μg
ビタミンC	125mg
ビタミンD	280IU
ビタミンE	20.0mg
ナイアシン	40.0mg
葉酸	1000μg
パントテン酸	25.0mg
カルシウム	500mg
マグネシウム	200mg
鉄	30.0mg
カリウム	600mg

●ウエイトアップタイプ

エネルギー	385kcal
タンパク質	20.1g
脂質	0.5g
糖質	75.5g
ナトリウム	137mg
カルシウム	300mg
鉄	27.7mg
マグネシウム	12.9mg
ビタミンA	5630IU
ビタミンB_1	2.8mg
ビタミンB_2	3.0mg
ビタミンB_6	6.1mg
ビタミンB_{12}	1.4μg
ビタミンE	13.1mg
ナイアシン	16.9mg
葉酸	0.5mg
デキストリン	62.8g

●+αタイプ(クレアチン、コリン、アントシアニン配合)

エネルギー	409kcal
タンパク質	67.8g
脂質	7.7g
糖質	17.0g
ナトリウム	235mg
グルタミン	5000mg
バリン	4400mg
ロイシン	7900mg
イソロイシン	4700mg
クレアチンモノハイドレイト	5000mg
カルシウム	600mg
鉄	9mg
マグネシウム	90mg
ビタミンA	1100IU
ビタミンB_1	5mg
ビタミンB_2	5.5mg
ビタミンB_6	7.5mg
ビタミンB_{12}	12μg
ナイアシン	5mg
ビタミンC	500mg
ビタミンD	165IU
ビタミンE	16.5mg
葉酸	150μg
フォスファチジルコリン	60mg
アントシアニン	12.5mg

「いっぱい」の量は決めつけるのではなく、作り上げていくのだ。

京都に定期的に出向いている高校ラグビーチームがある。最初に監督に会った時、「とにかくうちんとこの選手は細いんですわ、強い相手にぶつかると飛ばされよるんです」と眉間にしわを寄せて訴えてきたのが印象的だった。

そうはいってもラグビー選手だ。それなりのガタイはあるだろうと思って初めて選手たちを見た時、監督の眉間のしわの意味が改めて理解できた気がした。みんなとってもかっこいいのだ、スラーっとしていて。「こいつら、ジャニーズに入れたくなりませんか？」といった監督の言葉に思わずうなずいてしまった。

足の速さには定評のあるこのチーム、7人制では京都一の実績を持つ。でもスクラムを組む15人制では体重と力の差が歴然。押されて飛ばされて強豪に太刀打ちできないのが現状だった。

この現状は、実際宿敵に押され、飛ばされている選手自身、一番痛感していることが、最初のセミナーの目つきでわかった。はっきりいって、こんな切羽詰まった真剣な目つきを、野球部の選手では今まで見たことがない。「とにかく、何がなんでもデカくなりたい」という思いの強さは、野球選手の比ではないということだろう。

その日から彼らの「食べるトレーニング」がはじまった。彼らは可能な限り食べた。野球選手には一食あたり500gのごはんを食べられる体力をつけようと紹介しているけど、このチームには一食750gのごはんを基準にした。もちろん、最初からそんなに食べられる選手は少ない。

トレーニングのため、お弁当の他に持ってくるおにぎりの量を少しずつ増やしていき、1カ月後には10個のおにぎりを毎日持参している選手もいた。監督室には電子レンジが置かれ、消化を助けるため弁当を温めたり、汁物を作る選手が絶えず利用していた。

特に、この年のキャプテンは自らが一番積極的に取り組み、その結果、見る見るうちに体つきに変化が現れた。これは、チームメイトや後輩の大きな刺激となった。彼の家を訪れた監督によると「あいつの食う量、半端じゃないですわ。ごはんは丼に4～5杯。しかもそれだけの量を、うまそうにペロッと食いよる。見ていて気持ちよかったです」。

もちろん彼も最初からこんなに食べられたわけではない。でも、自分の運動量プラス増量分を真剣に考えた時から毎日少しずつ食べる量を増やして、食べる体力を養った。そして、必要量が体でわかり、楽に食べられる体力がついてきた時、体つきの変化をはっきり自覚したという。彼は最終戦までに約8kgの体重を体脂肪率を落としながら増量した。8kgのヨロイを自分の体で作り上げ、8kg以上の自信も身につけて最後の大会、宿敵との決勝戦にのぞんだ。

彼のように「体をデカくしたい」と真剣に思っている野球選手は多い。同時に「いっぱい食べているのにデカくならない」と思っている選手も多い。キャプテンの食事を目の当たりにしていたこのラグビー部の選手たちは「いっぱい食べてもデカくならない」とはいってこない。「もっといっぱい食べようと思うけど、まだそれだけの体力がない」といってくる選手が多いのだ。

この「いっぱい」って量をもう一度冷静に見直してみる必要があると思うのだ。自分が考えている「いっぱい」の量が、本当に今の自分にとって「いっぱい」なのかな？　どこかに偏っていたり、スキができていたり、体力のないことに甘えていたりしてないかな？

高校時代は大人への過渡期だ。体のキャパシティーに柔軟性がある。食べる努力に体は応えてくれる。急にじゃなくていい。少しずつでいい。食べられる体を作り上げて、チームメイトや監督や親を驚かせよう。プレーボールはそれからだ。

メシが握れない選手はボールを握るな！野球選手の食事の基本

「プロ野球選手だから、いっぱい食べてる」って勘違いしてない？

「あるプロ野球選手はね、朝起きて、さんまの干物を頭から骨ごと2尾と丼ごはんをまず食べて、それからみんなと一緒に朝ごはんを食べるんだって」

選手にこの話をすると、たいていは「やっぱりデカイ選手はいっぱい食べるんだ。プロってすごいなぁ～」というだけで片づけられてしまう。

確かに大きいプロ選手は、その体を動かし維持するため一般の人よりもたくさんの栄養素が必要だ。でも彼らに話を聞くと、彼らが一番たくさん食べた時期は、体がすでにできあがっている今じゃない。彼らの食べ盛りは中学、高校の時。その頃、彼らは今よりもっといっぱい食べていたのだ。強くなりたい一心で。いっぱい練習したからおなかがすいて。

成人し、体ができあがっているプロ野球選手とは違って、成長期にある球児は「毎日の練習分のエネルギー＋勉強で頭を使うエネルギー＋使った体を補充する材料＋体の成長分」の栄養素が必要だ（＊1）。そう、ある意味、プロ選手よりもいろいろな栄養を取らなきゃいけないのだ。

だから、「今よりデカイ選手になりたい」って思ってるのなら、プロ選手の食事を他人事のように感心している場合じゃない。今の自分の体は、プロ以上にいっぱい栄養素を必要としている、ということを自覚しよう。

デカイ選手になりたかったら、まず最低限これを食べよう

では、実際、どれくらいの量が必要なのか？　厳密にいえば、その選手の体の大きさや年齢によって違ってくるけれど、「今よりデカイ選手になりたい」なら、33ページの表にある食事量は最低限確保したい。

他のスポーツ栄養に関する本では、一日あたりのエネルギー量を３５００kcal（キロカロリー）を基準にしていることが多いけれど、毎日練習している高校野球選手はこれでは足りない。やせ細ることはないだろうが、デカイ選手にはなれない。個人差はあるけれど、練習のある日のエネルギー量は一日４５００kcalを基準にしたい。

これは、学校で机を並べている帰宅部の友人の約1・7倍だ。驚いちゃいけない。ひるんじゃいけない。だって、授業が終わったらすぐに家に帰って部屋

＊1　プロ選手の年代になれば、さすがにもう身長は伸びないが、中・高校生は今まさに伸び盛りである。この体の成長は今しかフォローアップできない。だから、ジュニア選手の食事はシビアに考えるべきなのだ。

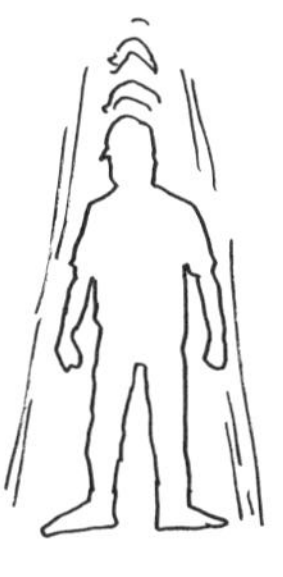

の中でテレビゲームしている友人と、大汗かいて全身を動かしている選手たちとでは、これくらい違って当たり前。

それに食べるってことは習慣だから、基準や目標を決めて食べていないと、特に夏場なんかすぐに食が細くなってスタミナがなくなってしまう(＊2)。これだけの量を食べられる自分の体力を実感しながら、それに自信を持ちながら、がんばって食べよう。そして、どうしても食べられない時や、食べられない選手は、この基準から少しずつ減らしてみればいい。

表は、練習していない日と1日4時間練習（朝練・個人練習を含む）をする時の、1日に何をどれだけ食べるかを表したもの。その具体的な献立例については巻末のメニュー集を参考にするとして、野球選手には「食べなきゃいけない」ものがこれだけあることをまず頭にたたき込もう。ここでは、含まれる栄養素の特性に合わせて3つのグループに分けた。

●グループ1「材料」としてこれだけ食べる

まずはじめに、1回裏で説明した「プロテイン」。覚えてるよね。成長に欠かせない体の材料であるタンパク質だ。それと各種ミネラルを多く含む食品群。肉・魚・豆・卵・乳製品がこのグループに入る。このラインアップはおかずのメインになることが多いだろう。取り方のポイントは以下の通り。

- 好きなのはわかるけど、肉類に偏らないように。魚・豆・卵・乳製品、それぞれの特性を生かすよう、いろいろ食べること。

＊2 野球はウインタースポーツではないので、アマチュアでもプロでも山場は夏。夏を乗りきる体力は必須だ。

●1日3食に分けて取る。一度のドカ食いは内臓に負担がかかるうえ、脂肪になりやすく、筋肉にはなりにくい。
●一緒についてくる脂肪の取りすぎに注意。自然のタンパク質を多く含む食品は同時に脂肪を多く含む傾向にある。特に体脂肪を気にしている選手は要注意。

●グループ2「ガソリン」としてこれだけ食べる

次にエネルギー源。糖質と脂肪を多く含む、ごはん・パン・芋・餅・油脂類のグループ。主食のメンツだ。糖質のためといっても砂糖から取るのではない。このグループに多く含まれるでんぷん質から糖質を取るのだ。取り方のポイントは以下の通り。
●ごはん（米）をしっかり食べること。一食の目安量は丼に2杯弱（500g・丼の重さは除く）。これを朝から食べられる体力を作る。
●ごはんの他、甘くないパン（＊3）や麺、餅などのでんぷん質中心に、なるべく油ものや甘いものに偏らないようにすること。
●芋はでんぷん質の他、ビタミンCや食物繊維もしっかり取れる。おやつとしても利用しよう。
●しっかりエネルギーにするためにビタミンB群を一緒にしっかり取る。
●そのために、ごはん（米）を玄米や胚芽米など完全に精白していないものを使ったり、強化米を入れたりするのも有効（＊4）。特にエネルギーを消耗し、

＊3 菓子パンもパンの一種だからと開き直ってはいけない。菓子パンはお菓子だと認識しよう。

＊4 米は白ければ白いほど栄養素を失っている。例えば、玄米は白米の5倍のビタミンB_1、3倍の食物繊維、そして白米にはもはや存在しないビタミンEが含まれている。

疲れやすい夏にはおすすめ。米は日本人が毎日食べる、まさに主食であるだけにちょっとしたアレンジも無視できない効果を生むだろう。

●グループ3「エンジンオイル」としてこれだけ食べる

そして、体の調整役、車で例えるならエンジンオイルの役割である3つめのグループ。野菜・きのこ・海藻・果物類。これらはエネルギー源としてはカロリーが少ないが(＊5)、ビタミン、ミネラル、食物繊維など、体のコンディションを整えてくれるために必要な栄養素をたくさん持っているグループだ。

野菜の1日に取るべき目安は約300〜400g。これに果物100gときのこ・海藻で約50g。ピンとこないかもしれないが、実際並べてみるとかなりの量だ(＊6)。

アメリカのあるハイスクールでは「肉を食べたらその倍の野菜を食べなさい」と指導しているという。アメリカ人が1日に食べている肉の量の平均は400gくらい。その倍となるとなんと800g！ まあ、これは、海藻やきのこ、そして穀類も入れた量だと思うが、「肉をなるべく少なくして、その分、野菜や穀類を増やそう」ということだろう。

日本の野球選手の中にも、野菜が苦手な選手は多い。だが、意外に完全に食べられない野菜は少なく、なんとなく面倒くさいから、食べにくいから、ということで残してしまっている選手をよく見かける。

野菜は、400g食べなきゃ足りないのだ。食べられる野菜は手当たり次第

＊5 きのこや海藻にいたってはカロリーはゼロ。しかし、きのこや海藻しか持っていない栄養素が含まれている。

＊6 もちろん、単一の野菜だけ食べるべきではないが、野菜400gというのは、きゅうりでいえば7〜8本。レタスだと丸ごと2個以上になる。

に残さず食べよう。あのイチローだって、アメリカに行ってから野菜嫌いを克服したそうではないか。かぼちゃやトマトやピーマンから逃げていては戦えない。食べ方のポイントは以下の通り。

●とにかく皿にのっている野菜は残さず食べる。
●少なくとも自分が食べられる野菜はとにかく多めに食べる。
●プチトマト（＊7）やかぼちゃ、とうもろこし、枝豆などは果物同様、おやつとして活用する。
●海藻・きのこは毎日一回は食べるように、メニューを作る時や選ぶ時に意識

＊7
ヘタのついたままのプチトマトは、サラダになっていると面倒かもしれないが、おやつとしては、ヘタをつまんで口に入れられるので食べやすいものとなる。

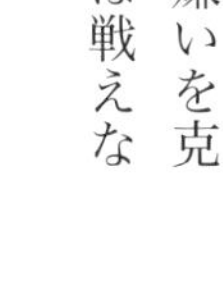

父母へ

「特別高価な食材は必要なし」

野球選手の体を作るためには、たくさんの食べ物が必要だ。それだけでもお金がかかる。そのうえ食材まで高価なものにするとなると大変。選手の食事の基本も健康食。安全性は気にしてほしいが、特別に高価な食材を使う必要はない。もちろん、たまにはごちそうもいいが、ふだんは普通の家庭料理の組み合わせで十分。高い食材よりも、旬を意識した、季節の安くておいしい素材を使った料理をジャンジャン作ってほしい。また、価格の安定した冷凍の野菜や缶詰もおすすめ。旬の時期に大量に加工した野菜や魚介類は、意外に栄養価が高い。野菜の高い時期や、イザという時のために、セールの際にはまとめ買いしておくと便利だ。

指導者へ

「食べる時間の確保を」

選手に十分な量の食事を取るためには時間がかかる。またそれを消化し吸収するためにも時間がかかる。中には、いっぱい食べる時間がない、いっぱい食べると動けなくなる、いっぱい食べると気持ち悪くなるという理由で、練習中の食事を制限している選手もいる。試合などではそれも仕方ない時はある。またよくかむこと、小分けにして食べることなど、消化を助ける食べ方を身につけることも大切だが、まだこれだけの食べ物を食べる体力が不足する選手には、食べる時間をしっかりとることが必要になる。なかなか昼食の時間を長くとれない事情もわかるが、食べなければ、練習をすればするほど、選手はやせ細っていく。エネルギー切れを起こせば、練習にも集中できない。野球には「食休み」も大切なトレーニングであることを忘れずに。

する。

好きなものだけ食べていたり、出されたものを疑いもなくただ口にしているだけでは、今よりデカイ選手にはなれない。

自分の現状に必要な食べ物は何なのか？　いつ、どのくらい食べればいいのか？　を毎日自分で考え、食べて、頭と体に覚え込ませていくのも大事なトレーニング。しっかり食べてデカくなろう。

高校野球選手の一日に取りたい食品とその分量の目安

16歳・男子(170cm、65kgを平均として)

主な栄養的役割	食品名	練習のない日 2800kcal	練習のある日 (4時間練習) 4500kcal
エネルギー源になる食品	ごはん	900g(丼3杯)	1500g+α(丼5杯)
	砂　糖	大さじ2強	大さじ4強
	油　脂	大さじ3弱	大さじ5弱
体の材料になる食品	牛　乳	2.5本(500cc)	4本(800cc)
	卵	1個	2個
	魚	小1切れ(60〜70g)	大1切れ(100〜110g)
	肉	100g	150g
	大豆製品	豆腐(木綿)1/2丁、 納豆小1パック	豆腐1/2丁、 納豆大1パック
体の調子を整える食品	緑黄色野菜	150g	150g
	淡色野菜、きのこ、海藻	200g	250g
	芋　類	80g	100g
	果　物	200g	250g

目安量

●**緑黄色野菜**
ほうれん草1束＝200g、にんじん1本＝150g

●**淡色野菜**
キャベツ2枚＝100g、玉ねぎ1個＝200g

●**芋類**
じゃが芋小1個＝100g、さつま芋1本＝200g

●**果物**
りんご1個＝200g、みかん1個＝70g、バナナ1本＝100g

上記の食品と代替えできる食品例

ごはん　丼1杯	➡	トースト3枚(6枚切り)、スパゲティー150g、ゆでそば・うどん各1.5玉、餅3〜4切れ
牛乳1本	➡	プレーンヨーグルト200g、スライスチーズ2枚
魚小1切れ(鮭)	➡	ししゃも2尾(45g)、いか1/2杯、あじ1尾(60g)
肉100g豚赤身	➡	牛ヒレ肉110g、鶏もも皮付き肉80g、ロースハム5枚、ウインナーソーセージ6本
木綿豆腐1/2	➡	絹ごし豆腐2/3丁、納豆1パック、味噌大さじ3.5、油揚げ1枚

2回裏

野球選手はやせちゃダメ！脂肪を落とすカギは筋肉にあり

筋肉を落とすと太りやすくなるのだ

「デカくなりたい」「体重を増やしたい」という選手が多い中、小数派ではあるものの「自分はやせたい」と思っている選手もいる。周りに細い選手が多いから、ちょっと「ぽっちゃり」していたりすると目立つらしい。

「なんで自分だけ」っていう気持ちはわかるけど、野球選手にとって、太れることは悪いことばかりじゃない。内臓が弱く、吸収能力が低くては太ることもできない。嫌味じゃなくて本当にうらやましいと思っている選手、多いはず。

野球はかなりの筋肉量が必要なスポーツだ。でも、その筋肉のつけ方がボディービルダーとは違うから、一見マッチョに見えない。胸の回りに山盛りの筋肉がついてたら、いかにもバットが振れなさそうでしょ。ピッチャーだって腕

を強く振れなさそうでしょ。野球には野球の筋肉がある。

同じ容量なら脂肪より筋肉のほうが重いから、選手の体重は見た目より多くなる。いい野球選手はずっしり重いのだ（＊1）。「ぽっちゃり」を気にする選手が体重を落とすことに気を取られすぎると、この大切な筋肉までも失ってしまうことになりかねない。これがくせ者。

活性組織である筋肉が落ちてしまうと、体は代謝量が落ちる。消費エネルギーが減る。ちょっと食べすぎると脂肪がつく。一度落とした筋肉はなかなか戻らない。結果、ますます太りやすい体になってしまうのだ。「体重は落ちたけど体力も落ちて、見た目はますますぽちゃぽちゃしてきちゃった」では目も当てられない。

プロの選手でも、小柄だったり、スマートに見えてもついているところにはちゃんとついているのだ。野球選手はむやみにやせることを考えるのは危険なのだ（＊2）。だから、ユニフォームが似合う。

筋肉をつけることが脂肪を落とすことになるのだ

いうまでもなく、落とすべきは体重ではなく「ぽちゃぽちゃ」の脂肪なのだ。体重計の数字より、体脂肪計の数字を気にしよう。脂肪を落とすために、今よりもっと筋肉をつけることだ。

太りやすい選手の多くは、内臓が丈夫で、食べたものを身につける能力が高い。だから、脂肪になりにくく筋肉をつけるための食べ物を選び、しっかりと

＊1
プロ野球選手名鑑などに出ている各選手の体重は球団発表に基づくもの。中には、新人時代の数値のまま十数年も変わらないこともあるようなので、そのまま信用しないほうがいい。

＊2
プロ選手も、特に高卒の選手は、入団当時からすると筋肉がついてがっちり大きくなった選手ばかりで、やせ細って一流になった選手はいない。

したトレーニングメニューを組み込めば、「ぽちゃぽちゃ」を「がっちり」にするのはそう難しいことではない。

ポイントはトレーニング。脂肪を落とすためのプログラムと筋肉をつけるためのプログラムを、それぞれしっかり自分で理解して実行しよう。食べ物を減らして脂肪だけを落とすのは無理なのだ。一緒に筋肉までも落としてしまう。だから、脂肪を落とすには、トレーニングと食事を一緒に計画的に考えることが大事になる(＊3)。

特に成長期に無理に食事を減らしたりしたら、身長などの他の体の成長にも支障をきたす恐れがあるのだ。野球をしながら、脂肪はなるべくつけずに、成長できるだけの食事量はしっかり確保しなくちゃいけない。

脂肪を落とし、筋肉をつけるための食事5カ条

トレーニングは専門書にゆずるとして、毎日の食事の部分ではどうすれば脂肪を落とし、筋肉をつけることができるのか、具体的な方法を伝授しよう。

①水分をしっかり取る

詳しくは3回表で説明するけど、「水と油」というように、水は飲んでも脂肪にはならない。体液の循環をよくして、代謝を高めるためにも水分はできるだけこまめに取ろう。ただし、運動途中やその前後以外、スポーツドリンクも含めて糖分の入った飲み物はやめておこう。これらを水の代わりに飲むと、びっ

＊3
この落とす部分を世の「ダイエット本」は食べ物だけで解決しようとするから、誤った知識とイメージが広まってしまう。

くりするほどの砂糖と同じだけの糖分を取ることになる。

砂糖のような精製された糖分は吸収が早く、脂肪になりやすい。甘いからおいしいというのは子供の味覚。ただでさえ、食事の調味料や、こっそり食べてるお菓子の中に糖分は入り込んでいる。水分補給をする時は、水を飲むと割りきって、ミネラルウォーターかお茶にしておこう。

②夜食厳禁

食事自体をどうこうする前に、食事以外に食べているものに注目しよう。中でも夕食後から寝る前に食べる夜食。これは厳禁。ルール違反と思っておこう。寝る前に食べる習慣は断ちきったほうがいい。深夜にターゲットとなりやすいのは、カップラーメン。簡単にできるし、皿も使わないからそこにあると食べてしまいやすい。スーパーでは、カップ食品の安売りを目玉にしていたりするので、つい買ってしまったり、すでに買ってあったりするが、この予防には非常用以外には買わないことだ。

寝ている時は体は省エネ状態にしておこう。夜中に食べたものは脂肪になりやすい。また、内臓だって眠りたいのに、寝る直前まで食べていたら、その処理で内臓はずっと働かなくてはならない(＊4)。これでは疲れがとれない。睡眠は、食べられる体作りのためのコンディショニングと考える。夜は早めに熟睡できる態勢を整えよう。

おなかがすきすぎて何か胃に入れないと眠れないという時は、温めたミルク

＊4
自分は食べてしまえば終わりだけど、内臓は消化・吸収・合成・排泄準備・セルフクリーニングと大仕事を抱えてしまう。

やココアをゆっくり飲んで眠るといい。牛乳に入っているメラトニンやトリプトファンという成分が、眠気を誘ってくれる。

③食物繊維をいっぱい取る

ファイバーという横文字でコマーシャルでもいろいろ流れているから知ってるはず。食事の中に食物繊維がしっかり入っていると、かみごたえがあり、早食いを防ぐ。それに、じっくりかめばその食べ物のおいしさを満喫できる。食物繊維は余分なものを吸着し体外に出してくれる「掃除当番」でもある。ビタミンやミネラルのように有名ではないけど、いわば「守備固め」や「代打の切り札」のように絶対に必要な存在なのだ。野菜、海藻、豆、乾物など、41ページの表を参考に、食物繊維の多いものを食べて、おなかの調子を整えよう。

④タンパク質源を毎食食べる

毎食食べるというと大変なようだけど、選手が大好きな肉類に多く含まれている。筋肉の材料であるタンパク質を食べると、脂肪や糖質に比べ、体温が上がる。代謝が高まるのだ。しかし、自然界に存在するタンパク質源となる食べ物は、どれも脂肪も一緒に含んでいる。同じ肉でも脂肪の少ないところを選ぶとその分タンパク質が多いことを覚えておこう。わかりやすい例でいえば、カルビよりロースのほうが脂肪が少ないということだ(＊5)。タンパク質は一度に材料として使われる量は決まっていて、それ以上は脂肪になるから、一度に食べだめせずに、毎食に意識して入れるように心がけるといい。

＊5
焼き肉屋に行くと、たいていカルビかロースの奪い合いになるが、低脂肪、低カロリー、栄養素の観点からすると、内臓系のホルモンも押さえたい。

⑤間食は足りないものを補うつもりで

おやつ＝お菓子という考えからは卒業しよう。脂肪を落として筋肉をつけるにはお菓子はどうしても分が悪い。9回表にカロリー表があるけど、例えばメロンパンは丼1杯分のごはんと同じカロリーがある。でも、その中身は脂肪と砂糖が中心でごはんに含まれるタンパク質やミネラル、ビタミンはほとんど含まれない（＊6）。お菓子を食べるなら、その種類と量を十分吟味したい。

練習、試合の前後などの間食は悪いことではない。運動時間に合わせて、食事で取りきれなかったものは補って、しっかり練習やトレーニングに励もう。

＊6 これを「空カロリー」という。栄養素はほとんどなしにカロリーだけを取ってしまうことだ。この上乗せされたカロリーは結果的に脂肪を生み出すことになる。

父母へ

「脂肪の取りすぎを防ぐコツ」

脂肪の多い料理の代表といえば揚げ物。でも同じ揚げ物でも調理の仕方で油の含有量は違ってくる。まず、衣の多い揚げ物は、フライや天ぷらより唐揚げのほうが油を取る量は少なくてすむ。また、同じフライでも、細かいパン粉を使うなどして、なるべく衣を薄くすることで油の取りすぎを防ぐことができる。油の温度の管理と揚げたあとにしっかり油を切ることも大切。そして調味料。何にでもマヨネーズをかける習慣は脂肪の取りすぎになりやすい。マヨネーズ好きの選手のサラダにはマヨネーズとドレッシングを半々に。マヨネーズだけだと全部食べることになるが、これだと液状になり、食べ終わった器に残る。トンカツのキャベツにはマヨネーズよりソースのほうが低脂肪。

指導者へ

「Diet＝やせることではない」

元来「Diet」とはやせることではない。「〜するための食事」という意味。「筋肉をつけたい」など、目的を持った食事はみんなダイエットなのだ。だから、食べないダイエットはありえないし、野球選手にとって「やせるダイエット」もありえない。あくまでも脂肪を落とすことを目的にすること。中には体重が減ってくることに快感を感じ、無理をして筋肉量と体力までも落としてしまう選手もいるが、これは野球選手のダイエットとはいえないということを指導者からも指摘してほしい。そのためにも体脂肪のチェックを定期的にできる環境を作っておくことが大切。ウエイトトレーニングを行ないながらの脂肪燃焼は体重ではなかなか表れにくく、選手のやる気をそいでしまうことがあるからだ。

練習やトレーニングで手を抜いていては、脂肪の燃えやすい体はできないのだから。

体重が変わらなくても、脂肪が落ちて、筋肉がついてくると、まず顔つきが変わってくる。体は厚みを増し、がっしりしながら、顔はひきしまり精悍な顔つきになってくる。「ぽちゃぽちゃ」した男の子の顔が、大人の男の顔になってくるのだ。写真を引っぱり出して3～4年前の自分の顔と今を見比べてみよう。ユニフォームはさまになっているかな。技術だけではなく、雰囲気もそれっぽくなってきたかな。

アスリートの体と大人の顔をめざして、トレーニングと食べ方を改善してみよう。

食物繊維を含む食品

食品名	含有量(g/100g)	一回使用量	
		目安量(g)	食物繊維(g)
干し柿	14.0	30	4.20
切り干し大根	20.7	20	4.14
大豆	17.1	20	3.42
糸引き納豆	6.7	50	3.35
かぼちゃ	3.5	100	3.50
キウイフルーツ	2.5	100	2.50
アーモンド(炒り味付け)	11.9	20	2.38
里芋	2.3	100	2.30
りんご	1.5	150	2.25
ひじき	43.3	5	2.17
ぶどう豆(煮豆)	6.3	30	1.89
枝豆	5.0	30	2.00
あんず(乾果)	9.8	20	1.96
ごぼう	5.7	30	1.71
きなこ	16.9	10	1.69
さつま芋	2.3	70	1.61
玄米	3.0	50	1.50
ほうれん草	2.8	50	1.40
いちご	1.3	100	1.30
さやいんげん	2.4	50	1.20
バナナ	1.1	100	1.10
ごま(乾)	10.8	9	0.97

肉類・魚類のタンパク質量と脂質量 (100gあたり)

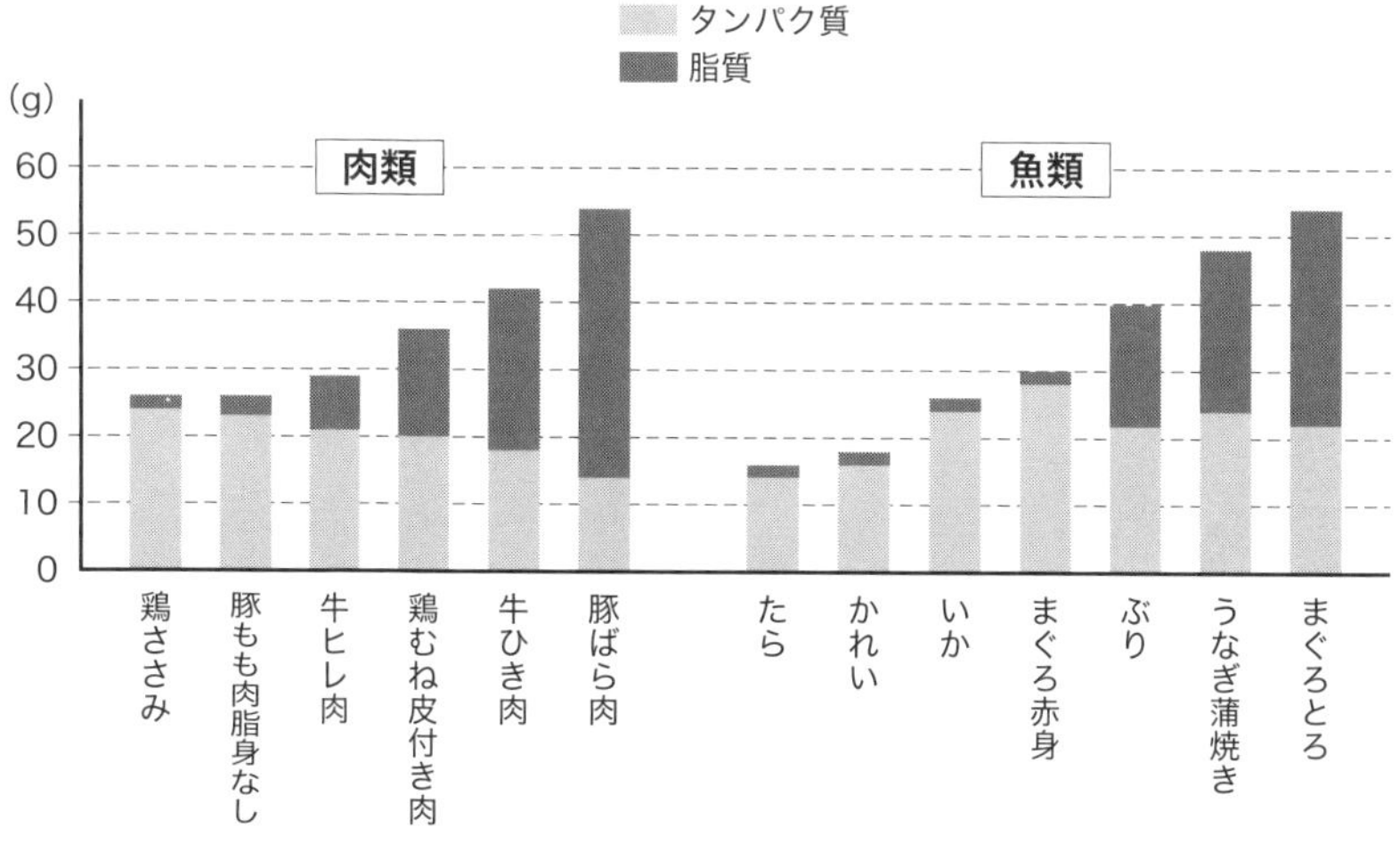

監督が選手に伝え、その選手が監督となりチームカラーは生まれるのだ。

岐阜県のこの高校に初めて出向いたのは、S君が2年生の時だった。このチームの食事の状況を把握するためにモニターになってもらった選手がS君だった。その時の彼の食事内容を一言でいえば「並」。一般高校生としてはよく食べられているけれど、このチームの練習量から考えればまだまだ足りない。S君の現状を詳しく数値で表し、野球をするにはどれだけの食事が必要かについて、チームに理解をしてもらった。

それからこのチームには年に数回、継続的に出向いた。父母を含めてのセミナー、調理実習、個人栄養分析など、かなり密度の濃い栄養指導を繰り返した。チームを率いる監督が国語教諭であることもどこかで影響しているのかもしれないが、このチームの選手はみんな「メモ魔」だった。

制服の時もユニフォームの時も、常に小さなメモをポケットに入れていて、こちらが何か話すとグッと寄ってきてメモする。はた目には私は取材陣に囲まれた有名人に見えたかもしれない。

自分の言葉で書きとめることで疑問もいろいろ生まれてくるらしく、質問の数も半端じゃない。それもとっても具体的な質問が多くて、私もいろいろ話してあげたくなっちゃうので、一人一人に対応していると、時間が結構かかる。指導に行くのは朝からなのだが、帰るのはいつも最終に近い新幹線になった。監督は恐縮していたけれど、私は楽しくて仕方がなかった。

そのうえ、毎回の指導後には必ずその時の感想と、しきれなかった質問などをそれぞれの選手が鉛筆で書いたわら半紙が束で郵送されてくる。この一枚一枚を読むのも私の楽しみだった。私が予期していなかったところに感銘してくれていたり、こちらの意図をうまくフォローしてくれるような質問があったり、彼らしいとてもおもしろい表現があったりして、いつも何度も読み返していた。

いろいろな高校野球部に出向いたが、ここまで筆まめなチームはなかった。そして、この筆まめな習慣は監督が転任するまで続き、その監督の転任先のチームの選手たちも前校と同じようにみんな筆まめになった。やっぱり指導者の影響というのはすごいなぁと改めて感心してしまった。

さて、前出のS君は高校卒業後、大学を経て母校に戻ってきた。そして現在は母校の野球部の監督も務めている。うれしいことに監督に就任してすぐ彼から私に連絡が入り、久しぶりにこの高校に出向いた。

S君、いやS監督は、私を選手に紹介し「オレも選手の時、海老さんの話を聞いて食ってきた。最初はごはんをたくさん食べられなくて苦労したけど、好きなふりかけを見つけたり、お茶漬けにしたり、自分なりにいろいろ工夫して、少しずつ量を増やした。そうしたら体がデカくなってきた。練習も楽にできるようになった。食うことってすごいんだなーって感動した。だからみんなにも、少しでも早く海老さんの話を聞かせて食事の大事さを理解してほしいと思ったんだ」といった。

選手たちが私を見る目つきが変わった。私があれこれいう前に、監督自身の体験談は選手たちにとって最高のモチベーションになったのだ。彼のおかげで私はとてもスムーズに話に入ることができた。では、と話しはじめた時、S監督と選手がそれぞれのポケットからサッとメモを取り出し身構えた。あ、メモ魔だ、と思った瞬間、背筋がゾクッとするほどうれしくなった。

一杯の水が救世主。そのタイミングを熟知しよう

私たちの体は水でできている

地球は「水の惑星」と呼ばれる。

そこで生まれる私たちも、大人で体の約6割、子供は約7割は水分なのだ。この数字だけみれば、例えば異星人から「地球人は水でできている」といわれても不思議はないだろう。

人は特に運動しなくても大人で毎日2~2・5ℓの水（＊1）を出し入れしている。高校球児のように、代謝が活発で運動していっぱい汗をかいていたら、もっとたくさんの水を毎日必要としているのだ。

さて、汗はなんでかくのだろう？　汗は体温を一定に保つための大切な冷却水。運動中、私たちの体はたくさんのエネルギーを燃やし、体は熱くなる。汗

＊1　大きなペットボトル1本分以上。飲むほうの量はわかりやすいが、出すほうでもこれだけ出しているのだ。

が出てこなくなると体温が上昇し、オーバーヒートを起こしてしまうのだ（51ページ上の表）。汗の原材料は水とミネラル。ずっと汗をかく状態が続くと、これらが足りなくなって、汗さえうまくかけなくなってくる。同時に血液は水分不足から粘度を増し、流れが悪くなる。自分の体重のわずか3％ほどの水がなくなっただけで、このような脱水症状が起こってしまうのだ。

だから、暑い日や野球に限らず運動をする時は水を早めにしっかり取ることがとっても大切になる。中でも野球は夏場、長時間炎天下で練習することも多く、他の競技に比べ圧倒的に熱中症を起こしやすい環境にあるのだ（＊2）。

なんで昔は「練習中は水を飲むな！」っていわれたんだろう？

それなのに、どうして昔は練習中に水を飲ませてもらえなかったんだろう？

今の選手には考えられないかもしれないが、その昔、野球に限らず、多くの競技の選手たちは運動中、水を飲むなといわれていた。いまだにその呪縛に苦しみ、運動中に水を取ることを怖がる選手や指導者もいる。

どうして「水はよくない」といわれていたのか？　根性論の問題もあるが、「途中で水を飲むと選手の調子が悪くなる」といいきる指導者が以前はとても多かった。また「選手に任せると水を飲みすぎる」との指摘がよくあった。

しかし実際には、練習中に水を飲みすぎて、練習後、練習前の体重を上回るような選手はいないのだ。少なくとも飲んだ分の水分は、練習によって汗とし

＊2
熱中症という名前から、暑い時に限って発症するように思えるが、運動により筋肉から大量の熱が発生したり、脱水症状などにより、寒い時でも安全とはいいきれない。すでに冬といってもいい11月でも死亡事故が起きている。

て出ていく。

練習中や試合中そしてその前後、水は絶対飲んだほうがいい（＊3）。ただ、問題は飲み方なのだ。

今でも選手の水分補給を見ているとタイミングの遅さを感じることが多い。ノドが乾いてからガブガブ飲むのでは遅いのだ。これでは大量の水が胃にたまってしまって、動きが悪くなる。

水分補給は先手必勝！ 早めにちびちびちょこちょこと

●日常生活編

水分は早めの補給を心がけよう。これは運動中に限らず、日常生活についてもだ。

まず、朝起きたら水分補給。寝ている間には想像以上の汗をかいていることを知っておこう（＊4）。

そして、朝食。水分補給というと「飲む」ことだけを意識してしまいがちだけど、「食べる」ことによっても水分は補給されている。食べ物も人間同様、地球で生まれて育った生き物。私たちは食事からたくさんの水分を取ることができるのだ。夏など、暑くて朝食の量が減ってしまうということは、水分を取る量も減ってしまっていることを忘れずに。

さらに、例えば授業の合間の休み時間にもこまめに水を飲んでリフレッシュ。

＊3
だいたい、ノドが渇くということは体が水を欲しがっているサイン。これを無視して汗だけをかき続ければ体が反乱を起こすのは当たり前のことだ。

＊4
人間は寝ている間に180ccほどの汗をかいているといわれている。夏の熱帯夜となればこの数倍だ。すべてパジャマと布団が吸い取ってくれているから気がつきにくいが、朝はまず、少なくともこの分の水分を補給する必要がある。

血液の粘度が高まると頭にも血が回りにくくなるから、だるくなったり、眠くなったりすることがある。こまめな水分補給で勉強にも集中しよう。

　このように、ふだんの生活から水分補給を心がけてクセをつけておくことも水分補給のトレーニングなのだ。

●練習編

　さて、練習に際しての水分補給は、まず練習前にコップ1〜2杯の水分を取る。練習中は「なるべくこまめに、一度に取る量は少なめに」が基本。理想的には「15〜20分おきに100cc程度の補給」。でもこれは、野球の練習形態ではちょっと難しいかもしれない。

　それでも、できれば30分以内の間隔で一回にコップ1杯程度の補給を基準に考えたい。そのためには各自がペットボトルなどで水を用意し、常に自分の補給しやすいところに置いて個人で管理したり、飲む前にうがいをして、口の中に入った砂やホコリ、粘りを除き、口の中の温度を下げてから、少しずつ飲むようにするなどの工夫をしよう（＊5）。

　また、クラブで準備している大きなウォータージャグ（注ぎ口のついた大型の水入れ）にスポーツドリンクを用意し、練習途中での糖分とミネラル補給に利用するのもいい。ただし、このウォータージャグの衛生状態は大丈夫だろうか？　定期的に消毒はしているだろうか？　体育用具室の床にラインマーカーと一緒に置いてある、なんてことはないだろうか？

＊5
テレビで見たことがあると思うが、攻守交代のないサッカーでも、ラインにドリンクを置き、いつでも飲めるようにしてある。

水は衛生を守るためにも大切なものだが、同時にばい菌を繁殖させ運ぶこともできるのだ。特にスポーツドリンクなどの糖分入りのドリンクを作ったままで放置すると、糖分が栄養になりばい菌が繁殖しやすくなる。毎日、使用後はしっかり洗って、定期的に消毒しよう（＊6）。

さらに、しっかり水分が補給できているかの目安として、時には練習前後の体重測定をしてみるといいだろう。その差は体から出た水の量だから、その重さが体重の3％以上では脱水状態。水分の補給が足りなかったということになる。また、練習後、水ものばかりが欲しくて、固形物が食べられないというのも水分補給が遅れた証拠。自分が意識している以上に早めに取っておく必要があることを意味している。

●1年生編

「自分はたいして動いてないから、水はいいです」。水分補給を促すとこう答える1年生が多い。でも、実際データでみると、熱中症の主役は1年生なのだ。こんなところで主役になっても仕方ない。

同じ練習でも、練習に慣れず、無駄な動きの多い1年生は、効率のよい動きをする上級生に比べ、エネルギー消費も汗をかく量も多い。なのに余裕がないから、ノドが乾いていることさえも自覚していない場合が多い。そのうえ、上級生が飲む前に、下手な自分が先に飲んでは申し訳ないという遠慮も手伝って、水分補給のタイミングが遅れやすい。

＊6

キッチンハイターなど、食器用の消毒剤はポピュラーだ。お母さんやマネジャーなら必ず知っている。

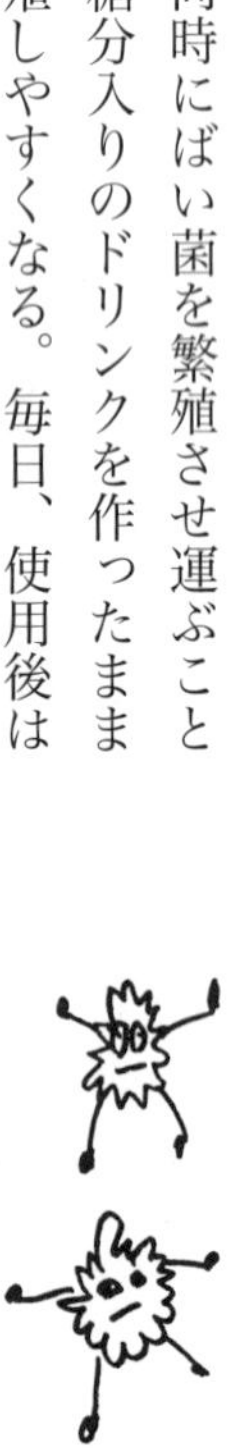

また、球拾いなどで、動きが少なく、立ちっぱなしの1年生も要注意。脱水状態でじっと立っていることでさらに血液循環が悪くなり、起立性低血圧（＊7）になりやすいのだ。こういう時こそ、しっかり水分を取って軽く体を動かし血液循環を促さないととても危険であることを知っておこう。激しい動きだけが体の負担ではないのだ。

それでも1年生は、どうしても上級生を見てから行動する。遠慮する選手も多い。だから、ここは上級生のほうから、1年生に遠慮なく水分補給ができる環境を作り、1年生の入部時に、水分補給の意味と、効果的な飲み方をしっか

＊7 身近な例でいうと、暑い中での朝礼などで頭がクラッときたり、そのまま倒れてしまう脳貧血のこと。

父母へ

「日頃の水分補給が大切」

選手が水分を必要としているのは練習中ばかりではない。代謝量が多い選手は運動をしていない時でも多くのエネルギーを消費し、同時に水も必要としている。日頃から、こまめに水分を取る習慣が必要になる。特に朝は脱水症状気味。朝食にスープや味噌汁など、水分の多いメニューがあるといい。また選手はどうしても冷たい飲み物を好む。冷蔵庫には水とお茶は常に用意しておき、基本的な水分はこれら糖分を含まないもので補給するように仕向けよう。食事の邪魔にならないようにするためだ。でも夜はあえて温かい飲み物をすすめてみよう。内臓の冷えを防止し、消化吸収を助けてくれるからだ。貧血気味でなければ食後のお茶もいい習慣。ビタミンCとカテキンの効果が期待できる。

指導者へ

「チーム独自の水分補給方法を考える」

ある指導者が私にいった。「自分たちは水を飲まずに練習してきたから、選手に水を飲ませるのが、いまだになんとなく怖い」…同じような思いを持っている指導者はかなり多いのではないだろうか？　本文でも触れた通り、飲み方によっては水はパフォーマンスの邪魔になる。飲み方が重要なのだ。そして、この飲み方は各チームでしっかり考えてほしいのだ。練習時間、グラウンドの広さ、部員数、ウォータージャグの数、水場の確保、マネジャーの有無などの環境の違いによってベストの水分補給の方法もチームによって違うはず。ベストな水分補給方法は練習にロスタイムを生まない。練習の効率を高めるためにも、選手と一度真剣に話し合ってはどうだろうか。

り伝えてあげてほしい（＊8）。

●試合編

試合中の水分補給の基本は練習中と同じ。ただ、試合前は緊張と慣れない球場設備からアクシデントが起こりやすいので、いつも以上に意識して早めに水分を取っておくことが大切だ。

試合中、特に気をつけてほしいポジションはバッテリーだ。

先発ピッチャーは、他のポジションに比べ運動量が多くなる。後半のことも考えて、早めに水分、糖分、ミネラルを補給しておこう。水やスポーツドリンクの他に、飲むタイプのゼリーやタブレットでの補給も有効だ。

一方、キャッチャーは防具をつけるため、発汗量も多くなる。そのうえ、打順の関係などで、急いで防具をつけてグラウンドに出なければならない状況が多く、水分補給まで気が回らないこともある。こういう時こそチームワーク。ベンチの誰かが必ず飲み物を用意し、確認するようにしよう。

飲むだけが水分補給ではない

また、飲むばかりが水分補給ではない。グラウンドに水をまくように、顔や手、首筋などを洗う、濡れたタオルで拭く、着替える回数を多くして汗をとるなど、こまめに手入れをしてなるべく体を快適な状態にするよう心がけよう。

＊8
一度この習慣を作ると、それは部の伝統となる。

水分摂取が体温に及ぼす影響 Montain, etal. (1992)

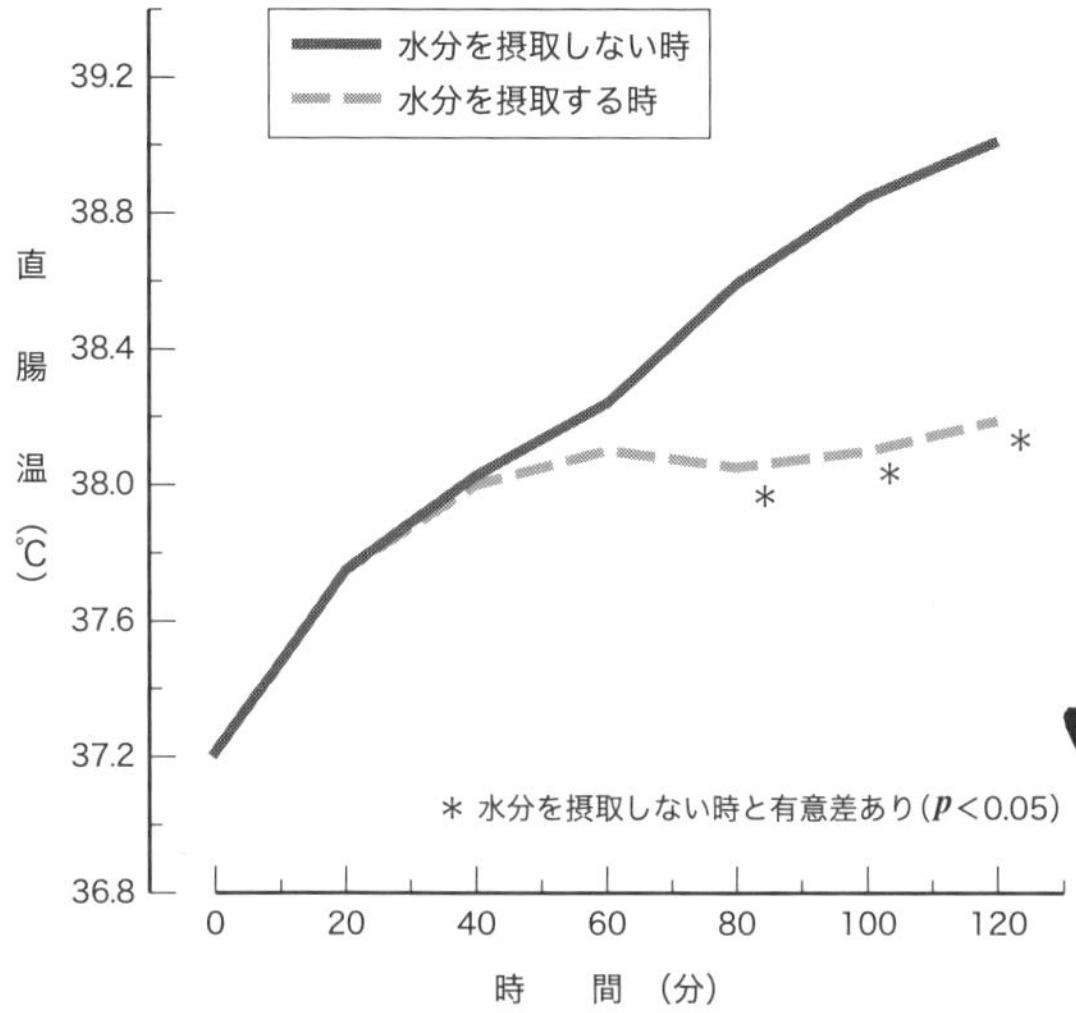

飲んですぐに変化はないけど、40分過ぎからは大違い！

糖質飲料摂取と疲労との関係 Coyle, etal. (1983)

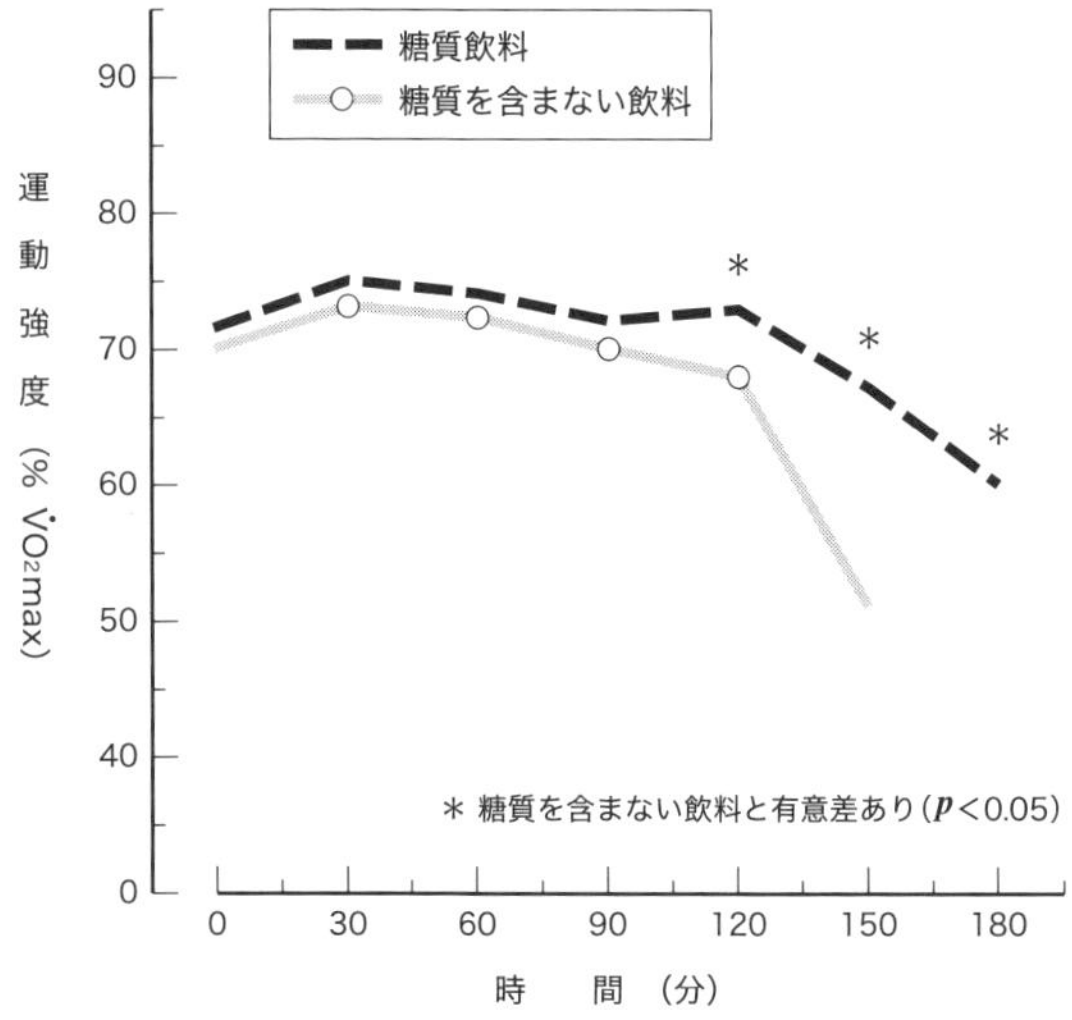

運動強度が下がるということは、疲れがたまってきていること。糖質は後半のスタミナのカギとなる

甘い飲み物を甘くみるな。市販飲料に含まれる糖分の真実

ごはんと砂糖は何が違うの？

ごはんは野球をするための大切なエネルギー源。しっかり食べたい。でも同じ糖質を含むはずなのに砂糖は悪者にされやすい。なぜだろう？

砂糖もごはんも糖質源であるのには変わりないけど、形が違う。砂糖のほうがごはんに比べて甘みが強い。これは砂糖のほうが精製度が高く、吸収の早い純粋な糖分に近いことを意味する。

もし、私たちの体が糖質だけを必要としているのならば、砂糖をいっぱい取るといいことになるけど、体にはその他にもたくさん必要な栄養素がある。そのバランスから考えると砂糖の取りすぎはやっぱりよくない。

そして、砂糖は吸収が早く、血糖値をすぐに上げるから、食事の前に取って

しまうと食事量が抑えられてしまう場合もある。

また、味覚は慣れだから、砂糖のような強い甘さに慣れてしまうとそれが当たり前になって、常に甘みを求めるようになるということもある。

でも、砂糖もその吸収のよさをうまく利用すれば優れた糖質の補給源。取りすぎだけを気をつければいいもので、決して悪者ではない。問題はその量だ。

目に見えないところが怖いよね

では砂糖としてはどのくらいまで取ってもいいのか？　目安としては料理に使う分も含めて1日50gまで。小さな角砂糖（3g）で17個くらいだ。こう聞くと結構取れそうな気がするけど、料理で使う分を20gくらいとして、残り約30g（角砂糖10個）。これはコーラ1缶でオーバーしてしまう量なのだ。

同じ量の砂糖をそのまま食べる人はあまりいないと思うけど、飲み物になっていると、意識なく簡単に飲めてしまう。この目に見えていないところがちょっと怖い。

59ページ上の表は一般的な清涼飲料水の糖分を砂糖で換算したもの。それぞれかなりの量であることがわかるだろう。

野球ではよく「炭酸飲料は飲むな」と指導しているという話をよく聞く。炭酸の入っていない飲料でも糖分は結構多い。が、比較してみると炭酸飲料は刺激が強く、一般的に炭酸の入っていない飲み物よりも糖分は多いようだ。炭酸

自体が悪いのではなく、糖分の取りすぎになりやすいところから「炭酸はよくない」といわれるようになったのかもしれない（＊1）。

同じく、ビタミンCや乳酸菌などで酸味が強い飲み物（＊2）にも、糖分は多く添加されている場合が多い。健康飲料ということで安心して飲みすぎるとこれも糖分の取りすぎになる。

また、紅茶やコーヒー飲料についても、自分で作って飲む時よりも糖分を取りやすいことを意識すること。「甘さ控えめ」が実際どの程度の糖分なのか、それぞれの糖分を確かめて選ぶようにしたい。

そしてスポーツドリンク。スポーツドリンクは運動中とその前後、あるいは食事が十分にできない時の糖分とミネラル補給には有効な飲み物だが、水代わりに飲むには糖分が多すぎることも頭に入れておこう。

500㎖ペットボトル1本、昔は「ホームサイズ」の量だった

次に、ここ数年人気のペットボトル入り「ニアウォーター」について。

「ニアウォーター」は、500㎖のペットボトルの発売が許可されてから種類が増えたもので、見た目は水に似た、透明度が高い飲料。中にはビタミン・ミネラルを添加したり、甘味料を使ってカロリーを抑えたり、健康を意識したものも数多く売られている。

59ページ下の表に、その代表的なものを1本（500㎖）飲んだ時の糖分量

＊1　しかも、炭酸飲料を飲むとおなかがふくれる感じになるので、ごはんが食べにくくなるというのもあるだろう。

＊2　例えば、ドリンクタイプのヨーグルトも、プレーンやノーシュガーでない限り、乳酸菌の効果に気を取られていると、思いのほか糖分まで飲んでしまうことになる。

を上の表と同様に砂糖に換算してみた。どうだろう? 水に近い色と飲み口から想像する以上の糖分量のものが多いのではないだろうか?

この糖分量の落とし穴は飲む量にある。100㎖あたりの糖分量でみると、従来の飲料より少ないものがほとんど。でも350㎖缶ではなく、これらは500㎖ペットボトル。飲む量が増えれば、それだけ糖分量も増える(＊3)。

日本コカコーラボトラーズが初めてホームサイズのコカコーラを発売した時の量が、実は500㎖。昔は家族4人で飲む量として売られていた量を今は一回に飲んでいるのだ(そういえば、缶も最初は250㎖が主流だった)。

昔の子供はジュースやコーラも飲んだけど、足りない分は水や麦茶で補給していた。でも今は一日中、ニアウォーターやスポーツドリンクやジュースで水分補給することもできてしまう。これでは、明らかに糖分の取りすぎ。ごはんが十分に食べられないというのもうなずける。

飲み物の「履歴書」に注目しよう

コンビニの天井まである冷蔵庫にズラリと陳列されている面々を見てもわかるように、一口に市販飲料といってもその種類はさまざまで、新旧交代も常に行なわれている。

まずは、対戦相手のデータを集めるように、自分の飲んでいるものの正体を知ろう。ちょっと細かい字になるけど、入れ物に書いてある文字をしっかり読

＊3
1日500㎖ですんでいるだろうか。朝昼晩1本ずつだと1500㎖になることを忘れずに。

み取ろう。これがその飲み物の履歴書だ。

まず、原材料、賞味期限、そしてカロリー（エネルギー）などの栄養価。栄養価については、その飲み物に特定の栄養についての表記がないと表示されていないこともある。ニアウォーターでは表示があるものが多いけど、コーラやジュースには表示のないものもある。カロリー表示がないものは、一緒に書いてある「お客様相談センター」に問い合わせてみよう（＊4）。

また、表示されているカロリーは100㎖あたりの表示が多いから、それを350㎖缶なら3・5倍、500㎖ペットボトルなら5倍にしたものがその飲み物のカロリーだ。

そのカロリーが全部糖分だったら（牛乳がいっぱい入っているものは、そのカロリーの一部がタンパク質や脂肪になる）、出たカロリー数を4で割ると（純粋な糖質は1gおよそ4㎉のため）だいたいの糖分量が割り出せる。または、表示に糖質量（食物繊維を除く）があれば、それが糖分量。そして、それをさらに3で割ると3gの角砂糖（または3g入りペットシュガー）で何個分かを割り出すことができるのだ。気になる飲料はこの方法で計算してみよう。

砂糖以外の糖分はノーカロリー？

「これに入っているのは果糖ぶどう糖液糖っていうので、砂糖じゃないからノーカロリーなの？」という質問を時々受ける。そう、飲料に入っている甘味料

＊4 相談センターに電話をするなんて面倒くさいし、恥ずかしいと思うかもしれないけど、こっちが恐縮するくらいていねいに教えてくれるはず。対応が悪ければ、そのメーカーは自分の商品に自信を持っていないと思えばいいのだ。

は砂糖とは限らず、いろいろな甘味料が使われている。中にはこの質問のように砂糖以外はノーカロリーと勘違いしている選手も多いが、決してそうではない。

　果糖ぶどう糖液糖はその名の通り、単糖類である果糖とぶどう糖の液糖。果糖＋ぶどう糖＝砂糖だから、カロリーは砂糖と変わらない。

　新甘味料（＊5）と呼ばれる糖アルコール類は腸からの吸収が悪いため、カロリーは砂糖の半分程度。これをたくさん取ると、選手によっては一時的におなかが張った感じがするのはこのため。

＊5　還元麦芽糖、キシリトール、マルチトールなどのこと。

父母へ

「親の時代のホームサイズに戻そう」

　昔500mℓだったホームサイズの飲料は、今や1.5～2ℓのペットボトルになった。これらの飲料を買い込む家庭も多いと思うが、選手のためには1.5～2ℓで買うのはお茶や水だけにしたい。中でも炭酸飲料は、一度キャップを開けると気が抜けるのが気になってつい飲みすぎる場合も多い。特に年末年始の休みは食べる時間が十分にとれる時。選手にとってはしっかり食べて増量できる大切なメンテナンス期。ここで食べるものを間違えると、ただ脂肪をつけてだらしなく太るだけになってしまう。糖分の多い飲料はこの間違えを起こしやすいもの。飲みすぎには注意したい。もし炭酸が欲しければ、メニュー集でも紹介したような無糖の炭酸を利用しての手作りドリンクを。糖分を半分以下にできる。

指導者へ

「指導者も飲みすぎにご用心」

　差し入れか何かで職員室や部室にスポーツドリンクが山積みになっているのをよく目にする。本文に記した通り、スポーツドリンクはスポーツをする体の糖分とミネラルを補給するのに適した飲み物。体を動かしていない人が水代わりに飲むには糖分が高すぎる。これは、指導者も例外ではない。缶コーヒーとスポーツドリンクが昼間の水分補給の大半で、夜はビールと酎ハイで水分補給、そして翌朝二日酔いの緩和にまたスポーツドリンク…これでは、かなりの糖分とアルコールを１日で取っている計算になる。特に年末年始、忘年会や新年会の続く時期は要注意。チームのためにも、選手のためにも、選手と一緒に、いやその前にこっそり、指導者自身の飲み物チェックをしておきたい。

一方、ステビア、アスパルテームといった人工甘味料は、甘さが砂糖の100〜200倍。使う量が極微量となるのでほとんどノーカロリーに近い。最近はこれらを組み合わせて、カロリーを抑えている飲料が多いようだ。砂糖を取りすぎないようにこれらの飲料を利用するのもひとつの方法かもしれないが、これでは甘いものを求める味覚は変わらない。

考え方を変えよう。甘みに対して敏感な味覚を作り「甘み離れ」をするためには、必要な場合以外は糖分の入っていない水やお茶で水分補給をするように心がけること（＊6）。このほうが市販飲料に対する味覚も敏感になって、それぞれの本来のおいしさを楽しめるようになる。

＊6
近頃は、携帯するペットボトル飲料も水やお茶が多くなってきたようだ。糖分の入ったジュースやニアウォーターは温まるとまずく感じるせいもあるのかもしれない。

市販清涼飲料水の糖分

品　名	量(ml)	エネルギー(kcal)	糖分量(g)	角砂糖(3g)に換算すると
コーラ　缶	350	136	34.0	11.3個分
ペットボトル	1500	583	145.8	48.6個分
レモン味清涼飲料水	350	130	32.5	10.8個分
	1500	558	139.5	46.5個分
炭酸系清涼飲料水	350	161	40.3	13.4個分
	1500	691	172.8	57.6個分
紅茶飲料	340	61	15.3	5.1個分
	1500	268	67.0	22.3個分
スポーツドリンク	340	82	20.5	6.8個分
	1500	361	88.0	29.3個分
ロング缶コーヒー	250	97	24.3	8.1個分
ショート缶コーヒー	190	68	17.0	5.7個分
ビタミンC添加炭酸飲料	140	65	16.3	5.4個分
乳酸飲料	65	47	11.8	3.9個分
栄養ドリンク系清涼飲料	120	75	18.8	6.3個分

ニアウォーターの糖分（ペットボトル500ml 1本分で計算）

品名（メーカー名）	エネルギー(kcal)	糖分量(g)	角砂糖(3g)に換算すると
カルキング（日本コカコーラ）	250	62.5	20.8個分
クー（日本コカコーラ）	245	61.3	20.4個分
ポカリスエット（大塚製薬）	135	33.5	11.2個分
アクエリアス（日本コカコーラ）	105	26.3	8.8個分
MIU（ダイドードリンコ）	100	25.0	8.3個分
DAKARA（サントリー）	95	24.0	8.0個分
サプリ（キリンビバレッジ）	90	22.5	7.5個分
アセロラCウォーター（ニチレイ）	90	22.5	7.5個分
ウォーターサラダ（日本コカコーラ）	85	21.0	7.0個分

※100mlあたりの表示エネルギーより計算（2001年9月調べ）

外で勝つためには、水分補給の強化を徹底することが大切なのだ。

「僕、県外のレースは苦手なんです。この前の神戸でも体調を崩しちゃって…」という彼は競歩の選手。競歩は朝早いスタートが多いらしいが、彼は遠征に行くと、前夜から体調を崩すことが多いという。「まず、食べられないんです。その時は具合が悪いわけじゃない。でもうまくノドを通らないというか、食べにくいんです。嫌いなものじゃないんです。あ〜おいしそうだなって思うんですけど、食べると味が、想像していた味と違うんですよね」。あれ？　って思った。私も以前同じような経験をしたことがあるからだ。「ね、何が一番、食べにくかった？」と聞くと「えっと、まず、味噌汁とごはん。あと豆腐ですかね」。うん、そうそう。たぶん間違いない。「それさ、たぶんだけどね、原因は水じゃないかな？」「水？　水ですか？」と彼は意外な顔をした。

水は料理の味を決める。特に毎日食べているシンプルなものにその違いが出やすい。私も、同じお米を同じように炊くのに、その地域によって味が全然違うという体験をしたことがある。

彼に「お茶の味も違わなかった？」と聞くと、「お茶はあまり飲まないから。でも、水は、飲んだら変な味がしたから飲みませんでした」という。「じゃあ、ごはんの時、何飲んでたの？」って聞くと、彼はちょっとばつの悪そうな顔になり「ジュースとか、スポーツドリンクかな」と答え、「だってお茶はあんまり好きじゃないし、水をわざわざ買うのもなって思って。同じお金を出すなら、味ついているほうがいいかなぁって」と続けた。

そうなのだ。彼の住んでいる地方では、まだ水は買うものではない。そこにあるものなのだ。だから彼の通う高校で調理実習をした時、水道の水を出しっぱなしにする選手が多くて驚いたことがある。それにしても、ジュースやスポーツドリンクを飲みながらじゃ、血糖値が先に上がってますます食事が取りにくくなるだろう。

さらに彼がいうには、夏場の現地調整でも調子を崩しやすいという。地元との気温差以上の暑さを感じるというのだ。彼の地元は田んぼが多いところ。たぶん、アスファルトの照り返しによる熱のせいだと思った。この差は大きい。田んぼは、体に例えると水分補給が十分で、汗をかき、体温調節がしっかりできている状態。一方のアスファルトは水分が枯渇して汗がかけず、オーバーヒートしている状態なのだ。同じ運動をしても、体に感じる不快感にはかなり差が出てしまうのだ。

こういう事態は競技を問わない。覚えのある選手も多いだろう。例えば遠征で、例えば地区予選で、自然の多い地元から都市部へと出てきた時、ちょっとした違和感のせいで、実力を発揮できなかったなんてこともあるはずだ。

今まで日本全国いろいろな高校を回ったけど、水に関していえば都市部の水はおいしくない。海外のように水にあたることはないけれど、料理の味に影響し、人間が口から入れるものとして最もピュアでクリーンであるはずの水になじめなければ、コンディションを崩すのは当たり前だ。

だから、場所が変わったら、地元にいる時以上に水分補給に気を使おう。本文にもあるように、乾いてからでは遅いのだ。ふだんは水を買わない選手でも、遠征に出たら水は買うべきだ。全日本の選手たちも海外に行ったら、まずミネラルウォーターを確保する。選手もそのくらいの気持ちでいよう。

みんながめざしている夏の甲子園は暑いよ。すごく暑いよ。気温は35度を超え、グラウンドでは40度近くなることも珍しくない。めざしているものに技術のレベルを持っていこうとがんばっているわけだから、水分補給のレベルも夏の甲子園で通用するように強化しよう。

朝メシをなめるな。ウォーミングアップは朝食からはじまる

朝ごはん、しっかり食べてる？

選手に「朝ごはんしっかり食べてきた？」と聞くと、たいてい「はい」と答える。でもこれがくせ者。「しっかり」の認識は選手よって実にさまざまなのだ。ある調査では、今「小学生の4人に1人は朝食欠食」とのこと。この現状から考えれば、たとえ「菓子パン1個にジュース」でも、「しっかり朝ごはん食べた」といいきる選手がいても不思議ではないのだろう。

しかし、野球選手の朝食となるとこれではいけない。こんな朝ごはんで野球をやろうなんて、野球選手の朝食となるとこれではいけない。

体以上に頭はエネルギー源を欲しがっている

野球選手にとって朝ごはんは、まず体のエネルギー源であると同時に脳のエネルギー源。脳細胞は想像以上に多くのエネルギー源を必要とする。常に考え、脳細胞を働かせていなければ野球はできない。さらに勉強もあり、試合が日中にある高校球児にとって、朝ごはんは、頭の働きのためにもなくてはならない存在なのだ。午前中、ぼーっとして集中力散漫になって怒られたり、どうも調子が出ないと感じる選手、もしかしたら頭のエネルギーが足りていないのかも（＊1）。朝ごはんを見直してみよう。

脳のエネルギー源は糖質。ごはん、パン、麺、芋、餅などのでんぷん質を中心にしっかり糖質を補給するとともに、その代謝に欠かせないビタミンB群（＊2）を合わせて取ることが必要だ。胚芽米、全粒粉パンなど、ビタミンB群を同時に摂取できる穀類も積極的にメニューに取り入れたい。

朝ごはんからウォーミングアップははじまっている

さらに忘れてならないのは「食事は体温を上昇させる」ということ。これは前記の調査で朝ごはんを食べてこない児童に低体温が多くみられることでもよくわかる。

練習や試合前に体を温めるためにジョギングやストレッチなど、ウォーミン

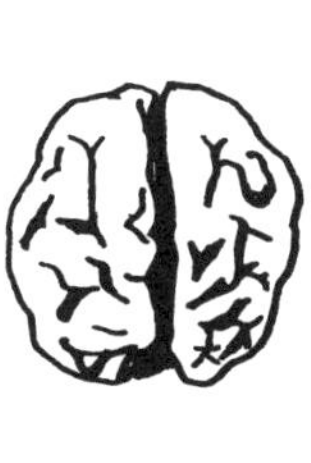

＊1 頭の栄養素としては、まぐろやぶりなど魚の脂に含まれるDHA（ドコサヘキサエン酸）、納豆や大豆に含まれる大豆レシチン、卵やレバーに含まれるコリンがある。

＊2 ビタミンB群は、食べたエネルギー源をエネルギーとするために不可欠な栄養素。不足すると疲労がたまり、脳や神経の働きが鈍くなる。特にビタミンB_1・B_6・B_{12}は脳の指令を筋肉に伝える働きをし、「神経ビタミン」とも呼ばれ、瞬発力を必要とする野球のようなスポーツには欠かせないビタミンなのだ。

グアップをしない選手はいないだろう。でも実は、ウォーミングアップは朝食からはじまっているのだ。

朝食をおろそかにしているということは、その時点で野球をおろそかにしているということ。逆にいえば、朝食をしっかり食べることがライバルに差をつけることになるのだ。

食べること自体、体を温めるが、中でも食後の体温上昇には、食事中のタンパク質が欠かせない。そう、プロテインだ。卵・魚類・豆類・肉類・乳製品などのタンパク質源を、毎朝食べているだろうか？　これらは体の材料であると同時に、体を温めるためにも重要な栄養素なのだ。

毎朝、菓子パンとジュースでは筋肉もできないし、ウォーミングアップにもならない。

野球選手の朝ごはんの基本

具体的にどのような朝ごはんがいいのか？　実際のメニューは巻末のメニュー集を参考にするとして、そのポイントと意味をまとめてみよう。

①主食

体と頭のエネルギー源。ごはん、パン、麺、餅など。これをしっかり食べられるように日頃からトレーニングしておくこと。よく、試合前のことばかり気にする選手がいるが、日頃食べられるトレーニングをしていないのに、試合の

プレッシャーがかかった時に、いつも以上に食べようというのは絶対無理。それでも無理して食べれば消化不良を起こすだけ。自分がどれだけの主食を食べられるのか、毎朝チェックしながら食べよう。

　前記した通り、これらの代謝にはビタミンB_1が欠かせない。おかずで工夫するのもいいが、ごはん（お米）を胚芽米にしたり、強化米を加えたり、パンを選ぶ時、全粒粉のものにすると（＊3）、主食自体ビタミンB_1強化になる。

　また、食欲のない時にはシリアル（コーンフレーク類）を利用しよう。ビタミン・ミネラル・食物繊維が一緒に取れるシリアル類は、欧米の選手がとてもよく利用する朝食メニューのひとつだ（＊4）。

②主菜

　主菜とはメインのおかず。卵・肉・肉加工品・魚・豆など、体の材料であり、体温を上げるタンパク質とミネラル、ビタミンがいっぱい取れる料理だ。朝は簡単にしようとすると、「ごはんに味噌汁」「パンにジュース」になりやすく、これらの栄養素が不足してしまう。

　主菜になるおかずを食べよう。なにもごちそうでなくていい。卵に納豆＋じゃこでもいいし、焼き魚に豆腐でも、ハムエッグでもいい。多少なりともタンパク質が含まれるおかずを1品食べる習慣をつけておくこと。時間がない時は、食パンにチーズとじゃことごまを振って、和風チーズトーストなんていうのもありだ。

＊3
全粒粉とは、簡単にいうとパンの原材料である小麦をひいて白くしないで、栄養分を残した状態の粉。玄米と白米の関係と思えばいいだろう。

＊4
シリアルはなかなか日本の食生活になじまないが、ものさえ選べば「パンとジュース」だけより格段に理想的な朝食になりうる。

③汁物

汁物は偉大だ。まず水分が取れる。ひとつの鍋ですむ。汁ごと全部食べられるから汁に溶け出した栄養素まですべて受け取れる。体を温める。具だくさんにすれば、主菜や副菜分を全部この中に入れることができる。そのうえ、ものによっては主食まで入れ込むこともできる（＊5）。時間がない時は汁物に頼ろう。

④副菜

野菜のおかず。主菜の付け合わせでもいいし、納豆にいろんな具を入れてごはんにかけてもいいし、汁物にいっぱい野菜を入れてもいいし、サンドイッチにしてもいい。あるいはプチトマトやきゅうりをそのままかじったっていい。とにかく、一日のはじまりに新鮮な野菜から水分とビタミンをいっぱい取ってほしいのだ。

⑤果物・乳製品

果物は野菜が十分な時はなくてもいいが、「朝の果物は金」といわれるように、水分、吸収のよい糖質、ビタミン、食物繊維は朝にぴったりの食材。季節の果物とプレーンのヨーグルト、はちみつを一緒にデザートとして食べる習慣をつけるのもひとつの手。その中にシリアル（＊6）を加えてもいい。ヨーグルトに含まれる乳酸菌も腸の状態を整えるのに役立つ。もっと簡単にしたいなら、ヨーグルトをオレンジジュースで割ってドリンクにしてもいいし、また、牛乳

＊5 雑炊や鍋焼きうどんなど。

＊6 中でもビタミンB群を多く含む玄米フレークやブラン類がおすすめ。

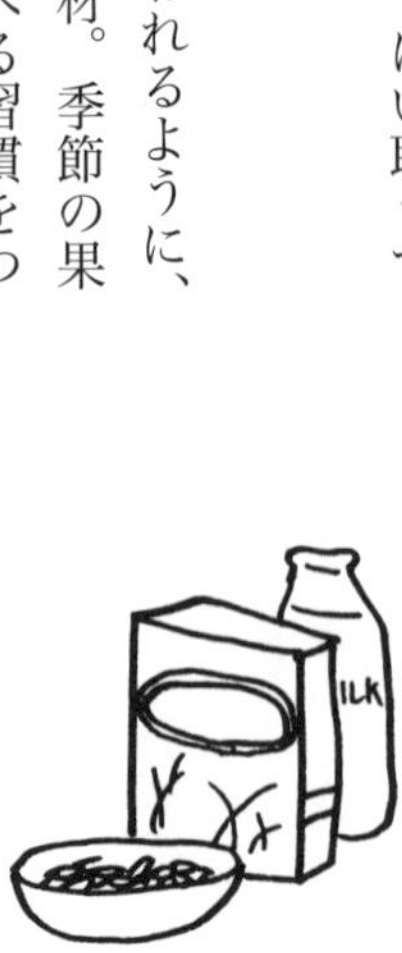

の苦手な人はカフェオレ、ミルクティー、抹茶ミルクにすると飲みやすい。

朝練がある時の朝ごはん

朝練で朝が早い時は、上記の基本の朝ごはんを2回に分けて取るようにする。例えば、「家ではパスタ入り具だくさんスープと果物（糖質中心）。学校でおにぎりとヨーグルトとオレンジジュース（糖質＋タンパク質＋クエン酸）」といった具合。朝ごはんはある程度パターン化していいし、お弁当とバッティングしても構わない。また、足りないものをコンビニで選んで買ってもいい。無理し

父母へ

「朝食と弁当は同じおかずでもOK」

真面目な心優しいお母さんは、朝ごはんが代わり映えしないことや、お弁当のおかずを朝にも食べさせることに罪悪感を感じているようだが、それで1回の内容が充実しているのならOKだと思う。で、お母さん自身が作るのに飽きたら、少しずつ変えればいい。選手から要望が出れば、選手にも手伝ってもらえばいい。毎日お弁当を作っているお母さんは絶対的に偉いのだ。それは自信を持っていい。だから自分の技量の中でできる朝ごはんとお弁当を考え、いい意味で要領よく、簡単にできるところはうまく手抜きをしてみよう。何より作り続けることが大切。少しでも作っていて楽しめる朝ごはんとお弁当作りであってほしい。作り手が楽しめないようなものは、食べてもおいしくないはずだから。

指導者へ

「新入生には朝食チェックを厳しく」

朝食のチェックは入部の時点から厳しく行ないたい。食べてこない選手に関しては練習に参加させてはいけない。朝ごはんは習慣なので、今まで食べていない子供がいっぱい食べるようになるにはちょっと時間がかかるかもしれないが、何か家から持ってくることも含めて、朝ごはんは必ず食べることを、新入生から選手の体に覚えさせたいのだ。親が朝起きてくれなくても、その環境に甘えないよう指導してほしい。メニュー集にもその例を出したが、ごはんが炊いてあって、食材が冷蔵庫にあれば、高校生ともなれば自分で朝ごはんを作ることは十分に可能なのだ。逆境は選手を強くする。自分で朝ごはんを食べることを覚えた選手は、他の選手以上に食事の大切さに目覚める場合が多い。

て一度で終わらせようとするとしんどいから、「朝練の日は朝食2回」って考えるといい。これは朝練を行なう世界のアスリートがごく自然にやっていること。自分なりの朝食パターンを考えよう。

朝ごはんのトレーニングを今日からはじめよう！

このように野球をするうえで朝ごはんがどれだけ食べられるのかは、とても重要な問題だ。そしてこれもトレーニングなのだ。1回表に書いたようにどんなにこれを食べるといいよ、といったところで、実際に口に入れ、消化し身につける「食べられる体力」がなければ無理なのだ。

前の夜、食べすぎていたら朝食をちゃんと食べるのは難しい。また、しっかり目が覚めなければ食事は取れない。朝に食欲がない選手は5分でも10分でも早く起きて（＊7）、体を軽く動かし、五感を刺激する。布団を上げたり、散歩をしたり、朝食の用意を手伝う。そうすればしっかり目が覚めて、ごはんが食べやすくなるはずだ。起きて水を飲んで、失った水分を取ることは食欲を増すためにも大切だ。

野球選手の朝ごはんをしっかり食べるためには、生活習慣も見直す必要があることも忘れずに。

＊7
特にアナログの目覚まし時計だと5分10分早く起きるようにセットするのは難しいだろう。そういう場合は、あらかじめ時計自体を5～10分早めてしまうのだ。6時に目覚ましが鳴って起きてみたら実は5時50分だったというとなんか得した気がするかもしれない。

しっかり食べればこんなに違う。
朝ごはんのパワー

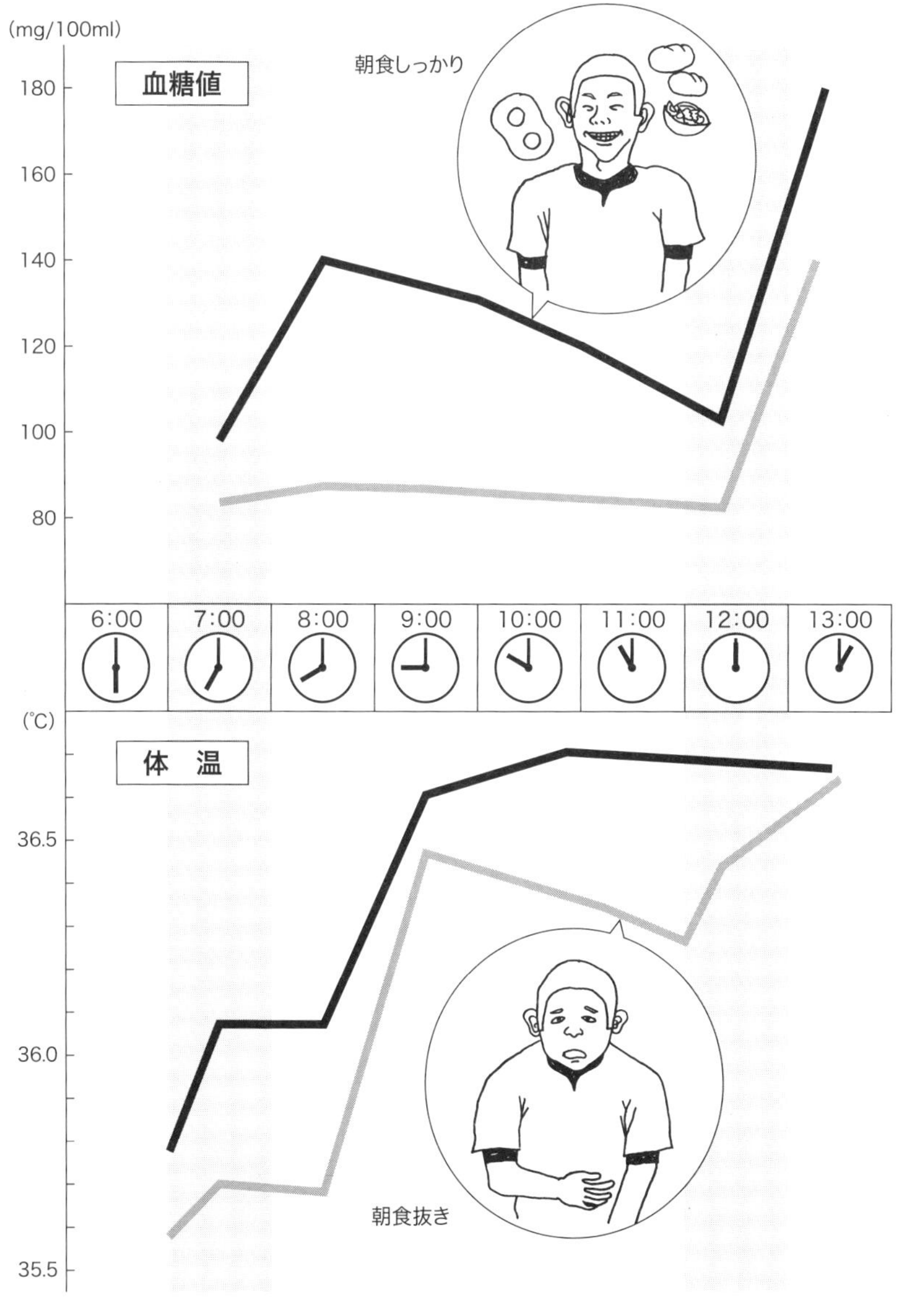

遠征ホテルの食事に浮かれちゃいけない。朝食バイキング攻略法

まずはメニューを把握するところからはじめる

遠征や合宿でホテルを利用するチームも多いと思う。その際、食事でよくあるのがバイキングスタイル。英語では通常ブッフェというが、各自が好きな料理を好きなだけ選択する食事のスタイルだ。

特に朝ごはんは、このバイキングスタイルになることが多い。大切なゲームや強化合宿の朝に何を選んで食べるかが、選手自身に任されるわけだ。

ある野球選手に、朝のバイキングをどうやって選んでいるか尋ねたところ、「並んでいる順番に嫌いなものを飛ばして取って、皿がいっぱいになったらそこで打ち止め」との答えが返ってきた。

まずは、どんなメニューがあるのか、きちんと把握するところからはじめよ

う。敵を知らなければ攻略はありえないのだ。食堂では寝ぼけまなこで皿を取る前に、眠気覚ましに食堂を一周して何があるのかチェックしてみよう。そのうえで作戦を練っても食べ物は逃げない(＊1)。

洋食スタイルのバイキングの取り方

さて、その一例を具体的に考えるために、洋食スタイルのバイキングを取り上げてみた。国内外を問わず、洋食スタイルはよく目にするが、一番気をつけたいのは、脂肪の取りすぎ。脂肪を多く含む食べ物は、胃の通過時間が長くかかるため、朝一番に本番を控えている日には特に気をつけたい。同時に体脂肪分の気になる選手に脂肪分、糖分の取りすぎがよくないことは今さらいうまでもないだろう。

この洋食バイキング、代表的なメニューを挙げてみる。

●パン

洋食の場合、このパンが炭水化物源の主役となるので、試合前にはしっかり食べておきたい。しかし、ごはんに比べどうしても脂肪が多くなりやすい。そこで、なるべく脂肪分を少なく、しっかり食べる方法を考えたい。

一般にはバターロール、フランスパン、食パン、クロワッサンなどが主流だろうか。選手の一番人気はクロワッサン(＊2)だが、かなりのバターを含んでいるため脂肪の取りすぎになりやすい。名前にバターがつかないからといって

＊1
時間に余裕があるなら、食事中もバイキングコーナーに時々目をやり、入れ換えられたメニューを狙うのもいい。作ってから時間が経っていないものが並ぶからだ。

＊2
家ではめったにクロワッサンをたくさん食べられないからと、ここぞとばかりに食べてはいけない。食べ放題の旅行にきているわけではないのだから。

安心できない。

クロワッサンに比べ、バターロールやフランスパン、食パンは脂肪分が少ないだけ固くなりやすい。このパサパサ感を食べやすくするためには、ひとつの方法としてトースターで焼くといい。温めたパンは消化も早い。もうひとつの方法は、サンドイッチにすること。ロールパンには手で切り込みを入れて、フランスパンはオープンサンドに、食パンは半分に切ってはさむように、卵、野菜、ハムなどのおかずを具にサンドイッチにする。具の水分がパサパサ感を補ってくれ、おいしく食べやすい。パサパサしたパンはついバターやジャムの使いすぎになりやすい。

●卵料理

ゆで卵、スクランブルエッグ、オムレツが主流。タンパク質の補給に卵は欠かせないが、ホテルのおいしいスクランブルエッグ、オムレツは結構バターが多いと思っていい。取る量の目安は卵1個分（50gくらい）まで。もう少し卵が欲しい時にはゆで卵をひとつプラス、くらいに考えたほうがいいだろう。

また、スクランブルエッグ、オムレツにケチャップをかけすぎる選手も多い。バターで塩味はしっかりついているので、かけすぎは味のうえからいってももったいない。

●肉加工品

ベーコン、ソーセージ、ハム。一般にこの順番で脂肪分が多い。時に、ベー

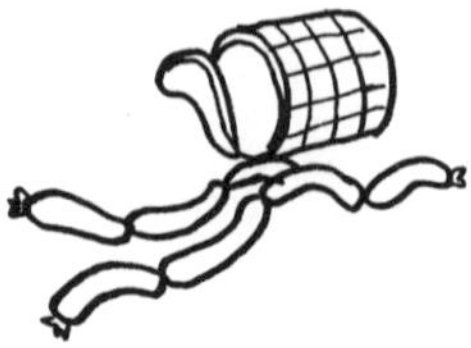

コンをてんこ盛りにしている選手を見かけるが(＊3)、これでは運動前の体には脂肪分が多すぎる。豚肉製品は、タンパク質、ビタミンB_1の補給に望ましいが、ゲームや練習がすぐ控えている時にはハムを1～2枚程度にしておくほうがいいだろう。

●サラダ

最近はサラダバーのスタイルで野菜を出してくれるホテルも多くなった。海外では場所によっては、水の状態などから生野菜には注意が必要となるが、国内であれば、貴重なビタミン、ミネラル、食物繊維源であることはいうまでもない。

トマト、サラダ菜、サニーレタス、かいわれ菜などの色の濃い生野菜やブロッコリー、にんじん、グリーンアスパラガスなどのゆでた緑黄色野菜を中心に、メイン皿とは別にサラダ用のボウルにしっかり取りたい。こと野菜に関してはてんこ盛りくらいでちょうどいい。

また、サラダ菜などの葉モノはメイン皿にも取り、ハムやソーセージを巻いて食べたり、サンドイッチの具とするなど工夫してみよう。

ドレッシングは好みのものを使っていいが、はじめからかけすぎないこと。こしょうをちょっとかけると少量のドレッシングでもおいしく食べられる。油の取りすぎを防ぐには、マヨネーズのようなクリームタイプのものよりも、しょうゆベース、イタリアンといったセパレートタイプのもののほうが、野菜に

＊3 バイキングでこれらの食べ物が山盛りになっているといつもよりおいしそうに見えるが、飛びついたら負けだ。平常心でいこう。

まとわりつきにくく、脂肪分をカットできるので無難だ。

●ヨーグルト

一般に選手にはカップ入りのものは人気があるのだが、大きなボウルに入った甘みのないプレーンタイプのものはあまり人気がない。不足しがちなカルシウムを、乳酸菌の力を借りて吸収よく取るのに低脂肪なプレーンヨーグルトは最適（＊4）。便秘がちな選手にも打ってつけなので、ぜひ慣れて、積極的に取ってほしい食品のひとつだ。

甘みが欲しい時にはフルーツを入れたり、パン用に置いてあるジャムやはちみつを好みで加えてもいい。また、シリアル類（コーンフレークやミューズリーなど）があれば、これらを入れることで甘みを補える。シリアルは食物繊維を豊富に含むものが多いので、腸の調子を整えるにはありがたいもの。

どうしても食物繊維が不足しがちな遠征・合宿中に、このヨーグルトがけシリアルは、パンの量を控えてでも取りたい食品のひとつだ。もし、リクエストできるのであればあらかじめホテルにお願いしてもいいだろう。

また、分包されたチーズ（三角や四角のチーズなど）もオーダーできると、タンパク質、カルシウム源として携帯もしやすく、ありがたいものとなる。

●フルーツ

柑橘類（＊5）、バナナ、パイナップル、メロン、いちごなど季節の果物は朝の体のエネルギー補給に欠かせない自然の恵みだ。果物だけでもよくないが、

＊4
ヨーグルトは、洋食においてデザートのように扱われがちだが、和食における納豆のように極めて栄養価の高い副菜と考えてどんどん食べよう。

＊5
すっぱみのある果物は柑橘類と考えてほぼ間違いない。例えば、グレープフルーツ、みかん、レモンなど。

糖分、ミネラル、食物繊維の補給として、面倒くさがらずに、朝、果物を食べる習慣を身につけたい。

栄養価からみると、カリウム、糖質、繊維質が豊富なバナナや、ビタミンCの宝庫であるいちごやキウイフルーツ、クエン酸補給に柑橘類がその代表になる。

●飲み物

オレンジ、グレープフルーツ、トマトのジュース（＊6）と、牛乳、水、コーヒー、紅茶。このラインアップが一番ポピュラーだろう。１００％のフルーツ

＊6　どうしても野菜が食べられなかった時は、トマトジュースに頼ろう。

父母へ

「バイキングのトレーニングを」

朝食がバイキングだと、面倒くさがる選手がいる。こういう選手は、朝しっかり食べる習慣がない選手か、すべて食卓が親任せになっているかどちらかだ。自分の茶碗にごはんをよそうことすら初めてだという選手もいる。選手には日頃から、バイキングの練習をさせてほしい。朝ごはんの時、支度をしすぎないでほしいのだ。「自分に必要な量は自分でよそう」。これが基本。口は出しても手は出さない。「そうはいってもやらないからつい手を出してしまう」という親心はよくわかるが、過保護な食卓は選手のためにならない。忙しい朝にいちいちいうのは面倒くさいかもしれないが、これも選手のためと思って厳しい姿勢でのぞんでほしい。

指導者へ

「周りへの配慮」

最近は合宿や遠征に大型ホテルを利用するチームも増えてきた。そのためバイキングになることが多いのだが、その際、周りへの配慮について事前に選手たちと話し合っておく必要がある。一般の宿泊客からはどうしても煙たがれやすいが、ちょっとした心遣いで、逆にいい印象を持たれることも多いのだ。騒いだりふざけたりしないのはもちろん、まず、時間に余裕のある時には一度に全員で取りにいかず、何人かのグループに分かれて取りにいく。そして周りに対し「お先にどうぞ」「お先にいただきました」というちょっとした挨拶を心がける。また、時間に余裕のない時には正確な食事時間を早めにホテルに告げ、協力をお願いすることも忘れずに。周りから「感じのいいチーム」という目で見られることは、選手の大きな自信にもなる。

ジュースは、特に果物で柑橘類が取れない時にありがたいが、起き抜けの体にはちょっと甘味や酸味を強く感じる選手もいるかもしれない。水で好みの濃さまで割るというのも手だ。

コーヒー、紅茶には備えつけのコーヒーホワイトは使わず、添加物がなく脂肪も少ない牛乳を入れたほうがいい。コツはカップに先に牛乳を入れること。こうすると牛乳が室温に戻りやすいが、逆だとコーヒーが冷めやすい。

どうだろう、工夫次第でバイキングも楽しめるように思えたかな。特に長期滞在の時は、どうしても食事に飽きてくるもの(＊7)。選手自身が工夫することで、結構楽しく毎朝の栄養補給ができることをもう一度確認してみよう。

＊7
バイキングは、初日こそ華やかなイメージに浮かれるが、何日も続くと飽きやすい。遠征や合宿が数日にわたる場合は、一日ごとにテーマを決めるといい。今日は魚、明日は肉。そしてパンやピラフやパスタもローテーションを組むのだ。

バイキングの取り方例

●和食●

ごはん(丼軽く2杯、500g) …740kcal
味噌汁(じゃが芋、1杯) ………70kcal
だし巻き卵(2切れ) …………114kcal
焼き鮭(1切れ) ………………127kcal
納豆(1パック) …………………80kcal
焼きのり(1袋)……………………0kcal
ミックスサラダ+海藻サラダ …28kcal
牛乳(1杯) ……………………126kcal
フルーツ盛り合わせ……………67kcal

合計 …………………………1352kcal

●洋食●

ロールパン(2個) ……………168kcal
くるみパン(2個) ……………222kcal
バター(1個)……………………74kcal
コーンフレーク ………………234kcal
牛乳(1杯) ……………………126kcal
スクランブルエッグ …………162kcal
ロースハム(2枚)………………82kcal
オレンジジュース(1杯) ………84kcal
海藻サラダ ………………………4kcal
ドレッシング ……………………40kcal
フルーツ盛り合わせ……………67kcal

合計 …………………………1263kcal

朝ごはんは、選手と監督のコミュニケーションの場でもあるのだ。

寮のあるチームの中には、監督自らがその食事に取り組んでいるところも多い。

大阪のある高校野球部監督は、寮の朝ごはんを自ら作る。「私が作ったものは選手、残せませんから。私が作るとなると、選手も黙って見ているわけにいかないから、手伝いもようやるようになりました」。

確かにそれはそうだろう。監督も選手も大変かもしれないが、朝食のトレーニングとしてはこの上ない環境だ。その日の選手の疲れや精神状態なども、朝食の取り方に表れる。毎日朝食を出している監督は、その変化も見逃さないのだ。

「でも、サンドイッチではえらい目にあいましたわ。パンの時はメニューがパターン化してたのでいつも同じじゃ飽きるかと思うて、サンドイッチにしたんです。サンドイッチって作るのに結構手間かかりますね。2時間近くかかって作ってやっと選手に出したら、アッという間になくなって。おまえら、こっちの苦労も考えんと！　少しは味わって食べろ！　って、どなりたくなりました。次からは自分たちで作らせます」と笑顔で話してくれた。

いいな。おいしかっただろうな、このサンドイッチ。

監督の奥さんが食事を作る寮は多いけど、監督自らっていう例は少ない。さぞ、父母からは感謝されていると思ったら、中にはそうでもないお母さんもいたらしい。

「とにかく好き嫌いが多い選手で、寮で出すものが食べられない。それを家に連絡して母親にこぼしてたらしいんですね。食べるものが何もないって。それを聞いた母親がうのみにして、あの寮は食べ物が悪い。自分の子供は食べるものがなくて困っている、と周囲にいっていたみたいなんです」という話を聞いてびっくりした。だって、私が見る限り、とても充実した朝ごはんなのだ。

よかれと思って、毎日早起きしてがんばって作ってる監督には、とてもショックな出来事だっただろう。でも、大変だけど、監督にはぜひ負けずにがんばってほしい。多くの選手たちはこの毎日の朝ごはんのおかげで、確実に強くたくましい体になっているのだから。

一方、高知県の県立高校の監督は、自らが寮を作り、自分もそこで食事をしている。「朝食のごはんは丼2杯は食べろといっているんですが、ごはんの盛りつけを選手に任せていると一度によそう分量がどんどん少なくなってくるんです。なので、食べられるようになるまで、私がよそうようにしました」とのこと。食の細い選手にとっては災難に思うかもしれないけど、これも大事なトレーニング。がんばってね。

ごはんをしっかり食べるようになってくると、選手の部屋から出るゴミが変わってきたと監督はいう。「前はひどかったんです。カップラーメンやお菓子の袋だらけで。注意をしたら、ゴミをこっそり学校に持っていって捨てようとした選手がいて、見つかってまた怒られて。でも、今は自然と減りましたね、そういうゴミが」と笑っていた。

この寮生と監督のがんばりは選手の体に正直に表れた。同じチームでありながら、寮生と自宅生の間に体格、筋力に差が出るようになったのだ。

「厳しくいっても自宅ではそれだけ甘えが出るんでしょうね。でも、これで選手も食べなければ、どんなにがんばっても体は作れないということがわかったと思います」という先生の笑顔に自信を感じた。

「同じ釜のメシを食う」ことから生まれる連帯感や信頼感は他には代え難いもの。これは選手同士のことだけではない。

選手も、監督に相談事がある時には「先生、昼メシでも一緒に食いませんか？」と学食や弁当屋に誘ってみれば？意外に話がスムーズに進むかも。

5回表

野球選手の弁当はキレイに飾らなくていい。めざすはパワーランチ！

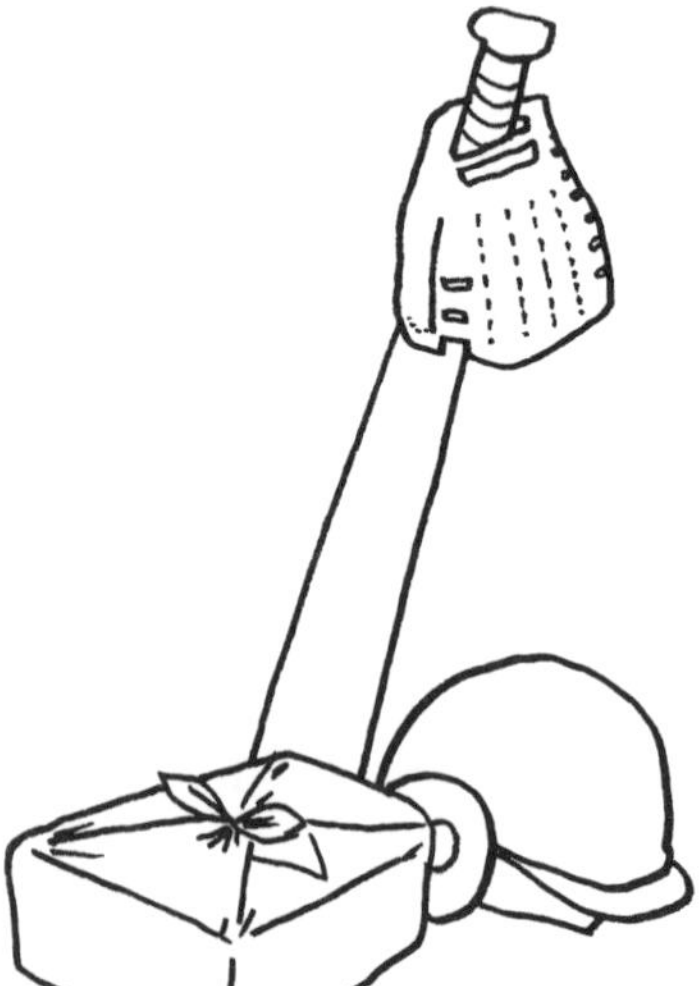

毎日の弁当を当たり前に思っていない？

「おべんとおべんと、うれしいなぁ〜、何でも食べます、よくかんで〜…」

幼稚園の時、大の楽しみだった弁当。今はどうだろう？　毎日の弁当、楽しんでるだろうか？　あまりに当たり前すぎて飽きちゃってたり、カバンが重くなるから弁当持たずに買って食べてる選手も多いんじゃないかな。

でも、本気で野球に取り組んで体を作るためには、栄養的にも経済的にも手作りの弁当ほどありがたいものはない。必要不可欠なものといっても過言ではないのだ。

野球選手として、もう一度弁当を見直そう。

「野球選手としての弁当」を体と頭にたたき込む

まず、自分の弁当箱を手元に持ってきて、その弁当箱に水をいっぱいになるまで入れてみよう。そして、その水を計量カップに移して水の量を計ってみる。どのくらいの水が入ったかな？　1ℓ以上？　以下？　よく売っている大きめの弁当箱でだいたい1ℓの水が入る。

高校球児の一食分の弁当箱としては少なくても1ℓ以上、できたら1・2ℓは水が入る弁当箱を用意したい。もしそれ以下の弁当箱なら、足りない分を他のケースに入れて持っていこう。

この1ℓの水が入る弁当箱を基準とすると、その半分に主食（ごはんで約350g）、半分におかず。そのおかずの半分に肉・魚・卵などのタンパク質がしっかり取れる主菜のおかずを、残り半分に野菜や海藻、きのこ、豆などの副菜となるおかずを詰める。それにプラスおにぎり1個（1個150g）と乳製品（牛乳やヨーグルト）、そして果物（または果汁100％ジュース）。

これが練習がある日の弁当の基準量と考えよう。おにぎりや果物は練習のはじまる前の補食にまわしてもいい。

この基準を頭において、毎日の昼食をデザインする。何が足りないか？　足りないものをどう補うのか？

例えば、外食する時、基準の弁当と同じぐらいの主食（ごはん）が食べられたか？　野菜は足りているか？　など、自分の体と頭で感じ、考える。そして、ごはんが足りないと思えば、大盛りにする。おにぎりを足す。野菜が足りなければあとで野菜ジュース（＊1）を飲む。

　こんなふうにして毎日の昼食量をキープするクセをつけるのだ。昼食は朝・夕に比べ、家で食べるのではないだけ、自分にかかる責任が重くなってくる。87ページの表を見てほしい。面倒くさがって、毎日菓子パンとコーヒー牛乳の昼食で筋肉をつけたいと考えるなんて、とても図々しいことがわかるだろう。体の材料、タンパク質は足りない、ビタミンC（＊2）なんて皆無だ。

　でもこれが、考えていない選手の現状。だから、弁当に注目して改善することは、チームメイトに、ライバルに、差をつける最大のチャンスともいえる。

弁当をパワーアップする秘訣

　弁当を作ってもらっている選手は、まずその環境に感謝しよう。毎日自分より早く起きて弁当を作ってくれている親を当たり前だと思っていない？　逆を考えてみよう。自分が親より早く起きて、親に毎日弁当を作れるだろうか。そう考えると、どんなに大変なことを毎日やってくれているかがわかると思う。

　たとえ照れくさくても、一度きちんと感謝の気持ちを表すべきなのだ。態度で、そして言葉で。プロの選手が自分の高校時代の話をする時、ほぼ必ずといっていいほど両親や支えてくれた人への感謝の言葉が出てくる。これって聞い

＊1　野菜ジュースで注意したいのは、果汁と野菜の割合。味を調えるために果汁のほうが圧倒的に多いものもある。特に緑色の野菜ジュースは、体によさそうだけどたいがい果汁のほうが多い。缶やボトルに書いてあるから、できたら野菜汁100％のものを。最低でも、50％は野菜汁のものを選びたい。

＊2　ほとんどの動物は、ビタミンCを体内で作り出せるが人間やサルは作れない。だからどうしても食べて取り入れるしかない。

ていてすごく気持ちがいいし、かっこいいと思う。

態度では、まず残さず食べること。そして少なくとも自分の弁当箱を洗うこと。弁当の包みも取らずに、放っておくなんて論外(＊3)。そして、何がおいしかったか、今度はこういうものを入れてほしいとか、弁当への感想と感謝を言葉で表すこと。

親だって人間だ。感謝されればうれしいし、気が抜けなくなる。こういうちょっとした気配りをするだけで、自然に弁当はパワーアップする。こんなにありがたいことはない。

でも、中には「うちの親は忙しくて弁当を作れない」っていう選手もいるだろう。同じチームにも、背の高い低い、足の速い遅いがあるように、家庭環境という条件が人によって違うのは当たり前のこと。足がたいして速くないのに、練習して盗塁のテクニックを身につけるのと同じように、作ってくれる人がいないのなら、自分で最大限なんとかするテクニックを身につけよう。実際に自分でなんとかしている選手も全国にはたくさんいる。

基本は「持ってこられるものは何でも詰めて持ってくる」だ。

まず、家の冷蔵庫に何が入っているか、そしてごはんがあるかを把握する。

例えば、ごはんにふりかけをかけておにぎりにする。プチトマト、笹かまぼこ、ハム、チーズなんかはそのまま持ってこられる。ゆで卵を作るのだってそんなに手間ではない。オーブントースターがあれば、切り身の魚も焼ける。か

＊3
食べ終わった弁当箱は、時間が経てば経つほど残りや臭いがこびりついて取れにくくなる。家に帰ったら、まず弁当箱を洗うこと。時間がない時でも、せめて水につけておくくらいはしておこう。

ぼちゃやきのこを焼いてしょうゆをたらしてもおいしいおかずになる。それに梅干し、昆布の佃煮などの常備菜を加えれば結構立派な弁当になる。

きれいに飾らなくていい。誰かに売るわけじゃないんだから、弁当の形にならなくてもいいのだ。その時に持ってこられるものを持ってくる。足りないものを買い足す。これでいいのだ。

今日は何が足りないのか。それが瞬時にわかるようになってくればたいしたもの。それを速やかに補えるようになれば、もう弁当に関しては一人前だ。毎日の昼食で腕を磨こう。

試合の日の弁当、どう食べる?

さて、試合の時など、時間のない時の昼食はどうするか?

こんな場合も、日頃からしっかり食べるトレーニングをして食べられる体ならあわてない。ポイントは5つだ。

①水分を早めにちょこちょこ取っておく。
②いつもよりしっかりかんで食べ、食べすぎない。
③いつもよりおかずは少なめに、油ものも少量にして、消化のよい炭水化物中心の食事にする。
④フルーツや果汁でビタミンCやクエン酸を補う。
⑤足りないものは試合後に補う。

要するに、時間のない時は必要度の高さの順に食べたり飲んだりしていく（＊4）。時間がないんだから、この場合は残すのもやむを得まい。とにかく、自分の実力をフルに発揮できるように食べる。まさにテクニックだ。日頃しっかり食べられる体力を身につけた体なら、なんてことはない。自分なりの調整方法も体は知っている。日頃の成果を発揮できるチャンスと考えて食べてほしい。

弁当は大切な野球用品。責任を持って管理する

最後に、忘れちゃいけないことがある。弁当の管理だ。

＊4　おなかいっぱいの満足感は、試合のあとの食事に持ち越す。その食事を笑顔で食べられるか、涙で曇るかがここで決まるかもしれない。

父母へ

「食中毒への注意」

弁当で気になるのが食中毒。特に夏場は注意が必要。食中毒菌繁殖のポイントは温度、水分、Ph（水素イオン濃度）。まず温度。しっかり加熱が原則。電子レンジなどで簡単に加熱できる冷凍のおかずが増えているが、加熱が足りないと食中毒菌繁殖の危険性あり。また冷蔵庫は過信しないこと。早めにきちんと加熱したものを弁当にしよう。そして弁当箱に詰める時は冷ましてからが原則。次に水分。弁当のおかずは水分を少なくする。水分の多い弁当は食中毒菌に侵されやすいのだ。煮物は煮きる、和え物や野菜はよく水気を切ること。そしてPh。夏場のおかずは少し味付けを濃いめに。梅干しをごはんに使う際は、丸ごとよりも、ごはんにまぶすほうが効果的。ただし梅干し以外の混ぜものや具入りごはんは、傷みやすいので夏場は要注意。

指導者へ

「弁当持参が原則」

最近、弁当を持ってこない選手が増えている。コンビニをはじめいろいろなところで昼食を買えるためだと思う。が、選手に必要な昼食の量を毎日外で買っていたら、相当な出費になるはずなのだ。そのクレームがこないということは、それだけの昼食を食べていないということになる。本文にもあるように、きちんと弁当の形になっていなくても構わない、持ってこられるものは家から持ってくることをチームの原則とすべきだと思う。また、このくらいの弁当箱で、このくらいの量が必要だということを、一度何かの機会に選手と父母がしっかり理解できる場を作る必要がある。中には一般女子高校生と同じくらいの弁当しか食べていない選手もいるからだ。

夏場になるとよくあるのが、弁当を黒いカバンに入れたまま、直射日光が当たるところに置いたままにして腐らせてしまうこと。中にはこれを食べて食中毒騒ぎになったチームもある。そんなことするわけないと笑っちゃいけない。この手の食中毒は毎年見事に発生している(＊5)。試合のことばかり考えながらバスで移動して、車内についうっかりというケースは人ごとではない。

野球選手にとって弁当や携帯食はグラブやスパイクと同じ、大切なアイテムなのだ。グラブやスパイクを手入れするのと同じように、弁当の管理にも十分に気を配ろう。どこかに置き忘れるのは、プレッシャーと弱気だけでいい。

＊5
夏の地方大会を伝える新聞の片隅に出る食中毒騒ぎの記事は、チームのかなりの人数が被害にあった場合のもの。ひとりふたりや、数人だけの食中毒は、表に出る数倍から数十倍にのぼると思われる。

昼食の選び方によって栄養価と価格はこんなに違う

●コンビニで購入①

クリームパン大1個、メロンパン大1個、チーズ味蒸しパン1個、コーヒー牛乳

エネルギー	1266kcal	ビタミンA	241 IU
タンパク質	29.9g	ビタミンB1	0.29mg
脂肪	22.3g	ビタミンB2	0.70mg
糖質	237.3g	ビタミンC	0g
カルシウム	548mg		
鉄	2.7mg	(価格	約450円)

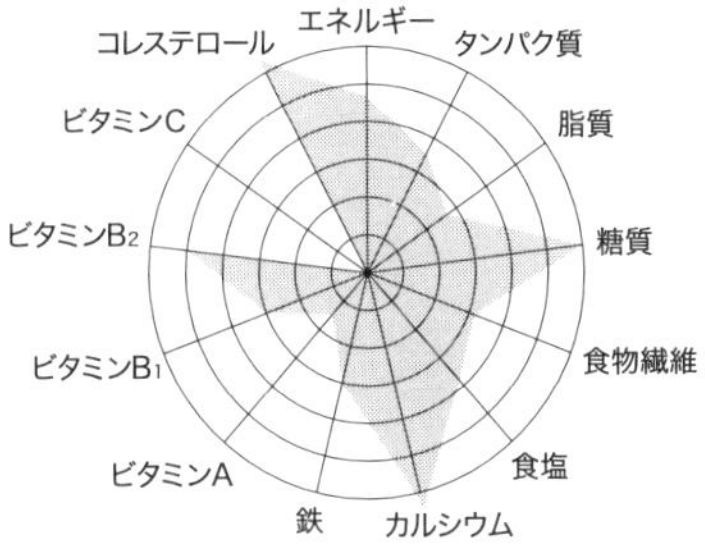

●コンビニで購入②

おにぎり3個、卵とほうれん草のソテー、プロセスチーズ、100%オレンジジュース

エネルギー	1084kcal	ビタミンA	2355 IU
タンパク質	29.6g	ビタミンB1	0.57mg
脂肪	53.5g	ビタミンB2	0.67mg
糖質	116.3g	ビタミンC	105g
カルシウム	219mg		
鉄	4.2mg	(価格	約760円)

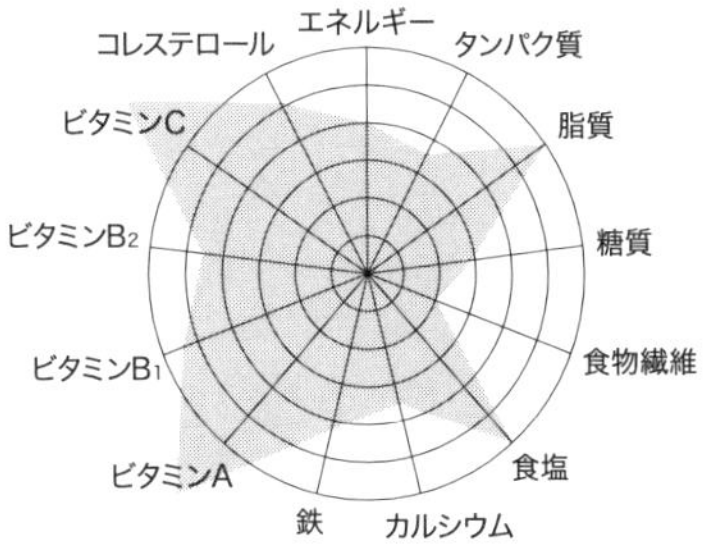

●持参のお弁当+牛乳

ごはん(麦飯、400g)、豚のしょうが焼き(80g)、卵焼き(60g)、ブロッコリー、プチトマト、サラダ菜、牛乳(200cc)

エネルギー	1179kcal	ビタミンA	1112 IU
タンパク質	43.3g	ビタミンB1	1.34mg
脂肪	38.1g	ビタミンB2	1.08mg
糖質	158g	ビタミンC	139g
カルシウム	366mg	(材料費	約550円)
鉄	5.7mg	牛乳代	約80円

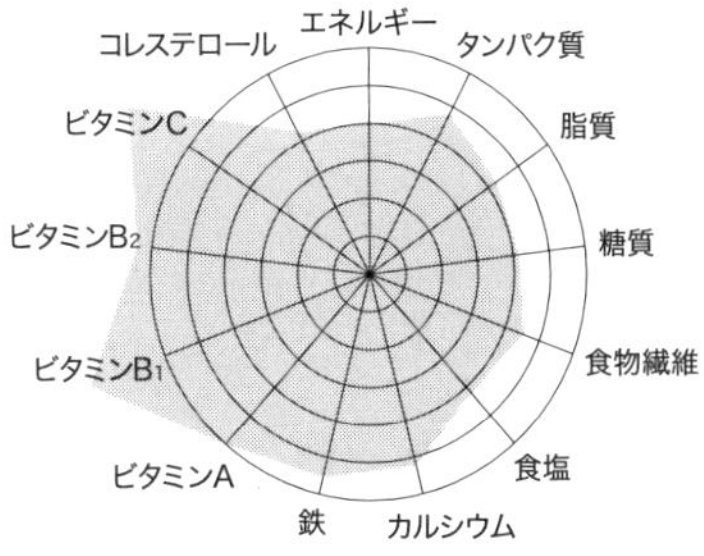

1日3食プラスアルファ。おやつは偉大なる助っ人だ

野球選手のおやつは補食と考える

前項までの通り、成長期の野球選手はたくさんの栄養素を必要としている。これだけの食事を3食でしっかり取れればそれに越したことはないが、時間や食べる側の体力など、現実は3食の食事だけでは足りない場合が多い。

となると、選手のおやつはただただ満腹感を求めるためのものではなく、3度の食事で足りないものを補う「補食」でなくてはならない。

そのためには脂肪が多く、精製された糖を多く含む「高カロリーなわりに栄養価の低い」ジャンクフード（＊1）はなるべく避けたい。例えば、ポテトチップス、コーンスナック、チョコレート菓子、揚げ菓子、ジュース、コーヒー牛乳など。これらが好きな選手も多く、中には昼食代わりにしたり、電車の中

＊1 Junk Food（ジャンクフード）は、本当に「高カロリーなわりに栄養価の低いスナック菓子、食べ物」という意味。和製英語ではなく、このまま英語圏でも通じる言葉。つまり、本来日本にはこういう食べ物はなかったのだ。

で食べ続けている選手を見かけたこともあるが、これでは体は作れない。

野球選手のおやつは、なるべく必要な栄養素を多く含んでいるものを選ぶべきだ。ポテトチップスよりチーズを、チョコレート菓子よりおにぎりを、コーヒー牛乳よりも普通の牛乳を選んでほしいのだ。

野球選手の補食になるのはこんなもの

では、どんな食べ物が野球選手のおやつとして適しているのか具体的に考えてみよう。

●おにぎり

手軽に取れるエネルギー源の代表。甘くなく、脂肪もほとんど含まず、満腹感もある。具（＊2）やのりなどの栄養価も見逃せない。

●のり巻き

高野豆腐、三つ葉、卵など、具のタンパク質、ミネラル、ビタミンが期待できる。また疲労回復に有効な酢も使っている。

●いなり寿司

油揚げの分、タンパク質を含む。五目のものは具の分、栄養価アップ。

●サンドイッチ

おにぎりなどのごはんものよりは、バター、マヨネーズなど脂肪を多く含むため高カロリー。ハム、チーズ、卵などのタンパク質、それに野菜が多ければ

＊2　ごはんものの具のメリットは、梅干しやしそ、じゃこなどパンものには合いにくい、しかしぜひとも食べておきたいものがマッチすることだ。

ビタミン類の栄養価が期待できるので、菓子パンよりは利用価値は比較にならないほど大きい。しかも、具の相性でいうとおにぎりより野菜をたくさんはさみ込めるメリットがある。できればパンは胚芽、玄米粉が入った、白くないものを（＊3）。また、具の揚げ物は運動前には適さない。

●パン類

ロールパン、レーズンロール、黒糖ロールなどシンプルな食事パンは補食に適している。間にチーズをはさむなどしても食べやすい。

●中華まん

冬の定番。温かさが消化を助ける。皮は脂肪が少ないでんぷん質。具はタンパク質やミネラルを少しではあるが取ることができる肉まんの他、ピザまん、カレーまんなども同様（＊4）。

●バナナ

糖質の形が試合前に取るのに適している。カリウムを豊富に含む。食べやすく、持ち歩きやすいのもうれしい。

●柑橘類

疲労回復、エネルギー生成に欠かせないクエン酸、ビタミンCを豊富に含む。オレンジやはっさくなど、少々皮の厚いものでも面倒くさがらずにしっかり食べたい。

●カステラ

＊3　すでに書いたが、穀物から作られたものは白くないほど栄養素が残っていると考えていい。白星というように勝負の世界では「白」が勝つイメージだが、食べ物に関してはそれは当てはまらない。

＊4　あんまんは、小豆のメリットはあるが、他の中華まんに比べるとお菓子に近く糖質が多すぎる。彼女の好物だけにしておこう。

高糖質食品。消化もよく、運動前の補給に適している。ただし高カロリーなので、必要以上の食べすぎに注意。

●カップヨーグルト

携帯に便利なカップヨーグルトはタンパク質、カルシウムを多く含む。最近は種類も豊富なので、なるべく甘さが少なく、プレーンに近いものがおすすめ。

●角チーズ

忘れられがちだが、手軽に取れる貴重なカルシウム源。スライスチーズも同様。

●牛乳

タンパク質、カルシウム源として一日４００〜６００㎖は取りたい。ただし、飲みすぎは乳脂肪の取りすぎにもなるので注意。また、甘みの強いコーヒー牛乳やフルーツ牛乳は牛乳の代わりにはならない。

●100%オレンジ果汁

クエン酸補給に有効。ただし糖分は清涼飲料水と同等に含まれるので、１００％だからといって飲みすぎには注意。

●バランス栄養菓子

ここ最近、種類も増え、いろいろ選べるようになった。用途に合わせて取り入れてみてもいい。何が入っているのか、何から作られているのかチェックを忘れずに（＊５）。

＊5　形はお菓子のようだが、含まれているものはどんどんサプリメント化している。1回裏を参考に、味で選ぶのではなく、自分に必要なものが含まれているかを基準に利用しよう。

練習前の補食の取り方

運動前の補食のポイントは、まず消化のいい糖質プラス水分を中心に取ること。

サンドイッチ、おにぎりなどの軽食は運動1～2時間くらい前までに食べる。それ以上に時間が迫ってきている時には量を少し減らし、よくかんで食べること。

バナナ、みかんなどの果物はできれば30分～1時間前までに取りたい。オレンジ果汁は運動中でもOKだが、糖度が高いので、運動直前や運動中は、水や氷で少し薄めたほうがいい。

いずれにしても消化には個人差があるので、自分なりのおやつの形と量を考えることが大切になる。

練習後の補食の取り方

運動後の体は、今まで蓄えていたエネルギーやタンパク質などの栄養素を使って減らしてしまった状態にある。これをいかに早く補充するかが疲労回復のポイントになる。

運動後なるべく早く、糖質、タンパク質、クエン酸、ビタミン、ミネラル類を補給したい。一番望ましいのは運動後1時間以内に食事を取ることだが、都

合により食事の取れない時にはおやつでつなぐことも考えたい。

運動前が糖質中心の補給に対し、運動後のおやつは糖質源（果物、おにぎり、パンなど）に加え、チーズ、牛乳、ヨーグルトなどタンパク質を意識した補給を心がけたい。

ただし、練習後には家に帰って夕食を取るのだから、くれぐれも食べすぎないこと。目安は350㎉まで。食べ合わせ例を参考に、組み合わせてみてほしい。

父母へ

「補食分の弁当のポイント」

エネルギー切れを起こしやすい選手の多くは、昼食から練習終了まで何も食べていない場合が多い。12時〜19時過ぎまでとして約7時間。野球をしていなくてもおなかがすいてくる時間だ。練習前は何かを補給するクセをつけさせたい。でも時間はないからできるだけ小分けになったものが望ましい。一口大のおにぎり、1/4にカットしたサンドイッチ、角チーズ、みかん、バナナ、プチトマト、焼き芋…これらを日替わりで組み合わせて、飲み物と一緒に取るようにさせる。おにぎりやサンドイッチは、昼食より長く携帯するものなので、腐りやすい具は避けたい。おにぎりなら梅干しやしっかり焼いた塩鮭、焼きたらこ、昆布などを。サンドイッチにはなるべく水分の少ない具がおすすめ。

指導者へ

「練習効率とエネルギー補給」

時々「家に帰りたくないのかなぁ」と見える選手がいる。チーム練習後に個人練習を行なう際、どうも動きが鈍く、練習するでもなくぼーっと時間をつぶしているような選手をよく目にする。終わったのならさっさと着替えて早くエネルギー補給をしないと、せっかくがんばった練習の効果が半減してしまうのに、と心配になる。ウエイトトレーニングをする時にも、1セット終わって次のセットまでの時間が長く、その間、周りとしゃべっている選手をよく見る。これも効果半減。トレーニングは短時間でいかに自分を追い込めるかが勝負のはずだ。練習時間が長いといわれる野球。必要以上に長くし、エネルギー補給を遅らせているのは、選手とチームのこんな気のゆるみにあるのではないだろうか？

【食べ合わせ例】

「肉まん1個＋牛乳200㎖」……………350㎉
「鮭おにぎり1個＋オレンジジュース200㎖」……250㎉
「バナナ1本＋ドリンクヨーグルト200㎖」……250㎉

補食は事前に準備して、練習前後のタイミングを逃さないようにしよう。お小遣いのことも考えれば持ってこられるものは家から持ってくるのがいい。

おやつは本来、楽しみなもの(＊6)。毎日のことだから、嫌いなものをわざわざ選ぶことはないけれど、体にもおいしい補食をしっかり選んで体作りに役立てよう。

＊6

どうしてもお菓子が食べたい時もあるだろう。お菓子は自分へのごほうびと考えよう。ヒットが打てた時、ナイスキャッチをした時、伸びのあるストレートが投げられた時、お菓子を解禁するのだ。

おやつの目安は350kcal以下

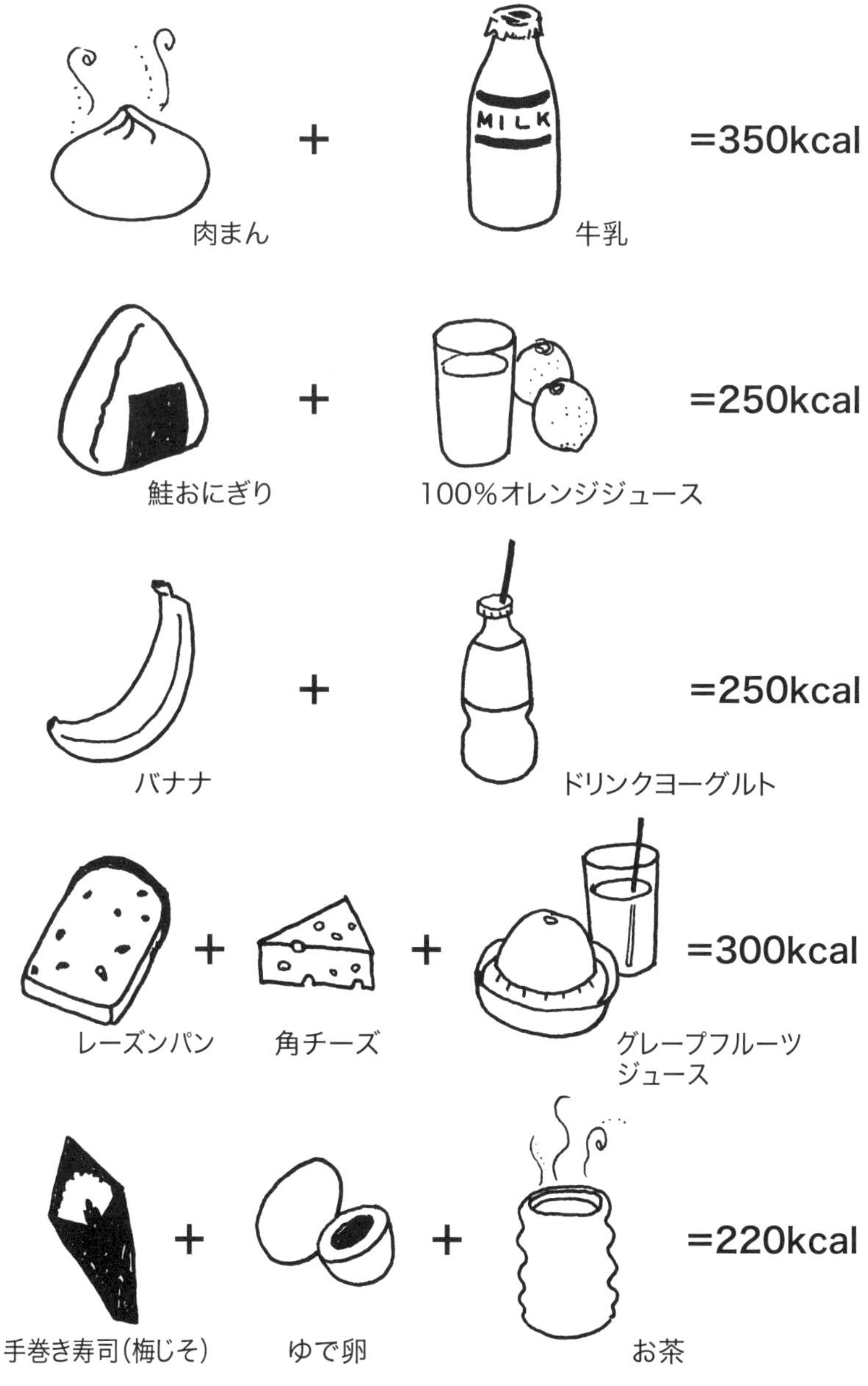

ファーストフードに逆行すれば、補食の実力が見えてくるのだ。

兵庫県に「発明王」と呼びたくなる高校野球部の監督がいる。思いついたものは何でも作っちゃうのだ。出向くたびに「これ、な〜んだ？」って、いたずら好きな少年のような笑顔と一緒に新作を見せてくれる。

この監督と「やっぱり選手の体は地元の食材で作らなきゃ！」ということで意気投合した。ある冬「さつま芋をいっぱいもらったんやけど、練習後に食べさせるのもええよね〜」「おいしそうですね〜！ 焼き芋なんて最高でしょうね」なんて会話があり、次に出向くと「海老さん、こんなの作ったんよ」と監督のうれしそうな声。見ればそれはプロパンの廃材を利用した焼き芋機。

「え？ これ手作りですか？ すごいなぁ」と驚くと、監督はしてやったりの顔。練習の終わる時間に焼き上がるようにさつま芋を洗って皮ごと入れるという。「アルミに包んじゃダメ。あの焼き芋のいいにおいがしないから。あのにおいで選手をつるんよ」。確かに焼き芋は皮の焼けたにおいがたまらない。

その通りに練習後半になると、グラウンドいっぱいにいいにおいが立ちこめてきた。「でも今の選手は料理に時間が必要だってことを知らないね。みんな電子レンジでチンする感覚だから、練習の終わりになってから、これも入れていいですかって芋を持ってくる。すぐできるって思うんだろうね」とも話してくれた。ファーストフードやレトルト食品やコンビニ食に慣れていると、調理の時間なんて考えたことがないかもしれない。

「ついでにこんなのも作った」といって監督が見せてくれたのは、焼きおにぎり機とおにぎり用のスチーマー。焼きおにぎりの香ばしいにおいとスチーマーの湯気は、縁日にでも来たみたいな雰囲気だ。練習が終わって白い息を吐きながら、選手たちがアツアツのさつま芋やおにぎりをほおばる姿を見て、「監督、すごい贅沢な補食ですよ〜」と感動を伝えると、「そう？　じゃ、次なんだけどね、ポン菓子ってどうかな？」ときた。「ポン菓子。いいですね、豆とか、玄米とかいろいろ作れば、栄養価も高いし、消化もいいから食事に響かないし」。

「そう？　じゃ、作ってみようかな？」

ということで、次に行った時にはちゃんとポン菓子製造機ができていた。「知ってる？　大豆と米とじゃ圧力を変えなくちゃいけない。玄米と白米も違う。家が農家の選手が玄米や黒豆を持ってきてくれるから助かるんよ」。黒豆に玄米。栄養素の宝庫だ。しかもできあがったこれらのポン菓子に、精製されきっていない三温糖をまぶすのだ。考えただけでもうれしくなった。

ポン菓子製造を担当するのは2年生のマネジャー。もう何度か経験済みのため手つきもプロっぽい。材料をセットして準備完了。「いきまーす」というかけ声と「ボン!!」という破裂音。と同時になんともいえない香ばしいにおい。手早くざるにあけて、砂糖をまぶす。本当においしそうだ。練習の終わった選手がすごい勢いで駆け込んでくる。帽子を器にとる選手もいる。そうだよね、本当はみんなこんなに食欲あるんだよね、と思わず感動してしまった。食べてみる。おいしい!!　このおいしさと栄養価はどんなスナック菓子も、どんなプロテインパウダーも到底太刀打ちできないだろう。

「ね、次は何がいいと思う？」と監督は聞いてくる。「う～ん…大きな鍋のようなのがあれば、具だくさんのうどんやすいとん作れますよね。冬の練習の合間にはぴったりかもしれない」「あ、それいいね」…すごいバイタリティー。まさに脱帽だ。

それからすっかりご無沙汰してしまっているけど、大鍋、できたかな？

6回表

試合の食事が勝負を分ける。本番に強くなるためのメニューと食べ方の研究

試合の日の朝ごはん

試合の日は試合開始時間から逆算して食事時間を決める。午前中に試合の場合、その3時間前にしっかり食事を取る(＊1)。野球選手の基本の朝ごはんでいい。でも、野球の場合、試合開始時間が前の試合や天候によって多少ずれることがある。また、球場への移動の都合などでぴったりの時間に食べられないことも多い。そこで、考え方としては、消化に時間のかかるものはなるべく早めに、試合時間に近づくにつれて、消化のいい、糖質中心のものを食べると覚えてほしい。

例えば、家を出る時（3時間以上前）には軽めに主食・汁・主菜を食べる。そして2~1時間前までに小さめのおにぎり、パン、果物、ヨーグルトなどの

＊1
甲子園の朝一番の試合開始は8時半。この場合、遅くとも5時半には朝食を食べなければならない。この時間にしっかり食べるにはやっぱり体力が必要なのだ。

消化のよい糖質中心の食べ物を用意して食べる。

また、試合の日は、プレッシャーからいつもより消化吸収能力が落ちている場合が考えられるので、おなかが張ったり、ガス源になる食物繊維が多いものや消化に時間がかかる脂っこいものは避けたほうがいい。また、消化を助けるためにいつも以上によくかんで食べることを心がけることも大切だ。

基本を思い出して考える。試合の日の水分補給法

水分補給がいかに大切であるかについては3回表で紹介したが、その重要性が特に身にしみるのが大事な試合を控えた夏だろう。試合が近づいてきたら、その再確認と準備におこたりのないよう気をつけたい。

まず、ベンチに置くウォータージャグは2個用意しておきたい。ひとつは糖分の入っていない水やお茶などを入れるもの。もうひとつはスポーツドリンク、果汁など糖分入りの飲み物を入れておく。代わる代わる飲んだり、水で割って飲んだりと状況に応じた水分補給のためだ。

さて、そのジャグの衛生管理は大丈夫だろうか？（＊2）再度確認しよう。同時に氷にも気をつけよう。時々アイシング用の氷を、出所が不明のまま飲料にも使っている例を目にして不安になることがある。当たり前のことだが、食べても大丈夫な氷かどうか事前に確認することも忘れないように。

さて、試合中の水分の取り方。暑い日で汗を大量にかきそうな場合は、糖分

＊2
今までに何十個というジャグを見てきたが、のぞき込まないとわからない蛇口の部分が汚れたままになっていることが非常に多い。こんなのでよく今まで無事だったと感心する羽目になる前に、ジャグをきれいに保つ習慣をつけよう。

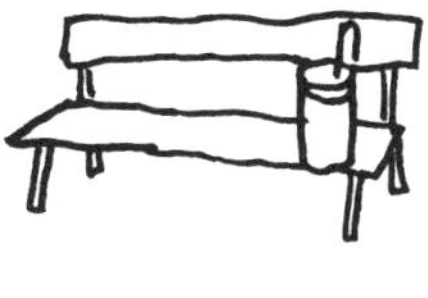

入りドリンクは薄めに作り（糖分濃度で2・5〜3％程度に。市販されているスポーツドリンクの平均的糖分濃度は5〜6％なので、水で半分に割るといい）、糖分が水分吸収の妨げにならないようにする。あるいは、ジャグを2つ用意できれば、糖分入り飲料の濃度はそのまま作っておき、最初は水（お茶）のほうを優先して飲み、途中からスポーツドリンクも飲むようにするといいだろう。逆に、試合前にしっかり食事が取れなかった時や、運動時間が長引く時は、糖分入り飲料、果汁、ゼリーなどでエネルギー補給をするよう習慣づけるといい。

そして、基本はノドが渇く前に「ちびちび、ちょこちょこ、うがいをしながら」。ノドが渇ききってから一度に大量の水を飲むような、タイミングが遅くて胃にばかり水をためてしまう補給の仕方は日頃の練習から避けるようにしたい。

試合の日のお弁当

あらかじめ試合時間が決まっていない野球の場合、試合が昼食時にかかってくることも多く、また、昼食後すぐに試合という場合も考えられるので、昼食は、食べやすくエネルギー源である糖質がしっかり取れ、胃に負担のかからないものがいい。さらに、夏場は食中毒に対する配慮も必要だ。

●主食（糖質源）について

食べやすい炭水化物源の代表はおにぎりだが、長時間携帯することを考える

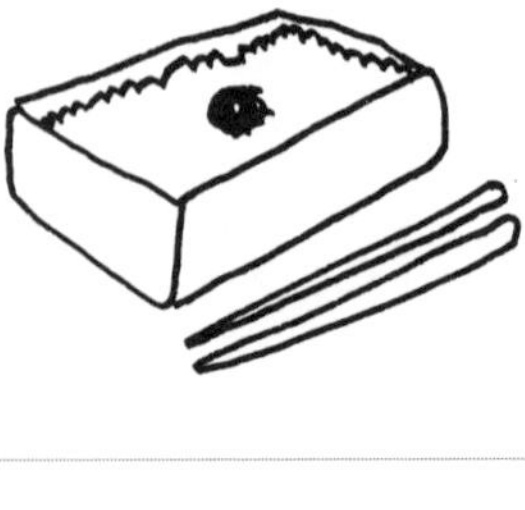

と、特に夏場はその作り方や材料の選び方も注意が必要になってくる。

まず、生ものの具は避ける。梅干し以外の混ぜごはんも避ける（＊3）。また汁気の多い具もやめておくこと。さらに、手から雑菌が入るのを防ぐためラップなどを使って握り、しっかり冷めてから包むことも大切。これら厳しい条件下で少しでもおにぎりで栄養強化を、と考えるのであれば、のりを多めに巻く、ふりかけやごまをトッピングするなどが考えられる（＊4）。

●おかずについて

消化の時間を考えると油脂の多いおかずは望ましくない。しかし、食中毒の予防という面からは調理の時、高温の油で殺菌できる揚げ物はありがたいメニューといえる。もし、試合日のお弁当のおかずとして揚げ物を入れるのであれば、なるべく衣の少ない唐揚げなどがいい。揚げたあとはよく油を切り、しっかり冷めてから弁当箱に詰めるようにすること。量はいつもより少なめにし、その分、主食の量を多めにしたほうがいいだろう。また、煮物などのおかずについては十分に汁気を切り、これも完全に冷めてから詰めること。

●サイドメニュー

試合の日のお弁当はどうしても炭水化物源が中心になるため、他の栄養素は不足しがちになる。タンパク質、ビタミン、ミネラルを消化のよい形で少しでも補うためには、果物、チーズ、カップのヨーグルト、果汁などをクーラーボックスに入れるなどして、なるべく冷やした状態で用意しておこう。また、状

＊3 ただし、梅干しも過信してはいけない。梅干しの殺菌力は梅干しに直接触れている部分だけに効果を発する。

＊4 それだけでそんなに違うのかと思うかもしれないが、栄養素には「微量栄養素」と呼ばれ、ほんのわずかでも十分な働きをするものも少なくない。全然ないのと少しでもあるのでは大違いなのだ。

況に応じて（疲れて食べにくい時など）はスナックタイプのバランス栄養食、総合ビタミン剤（＊5）などをうまく利用するのも一案。

●保管について

長時間携帯する昼食についてはその保管の仕方も大切になる。直射日光を避け、風通しのよいところに保管することを心がけたい。以前、ある高校の選手が冷房の切れたチーム所有のバスの中にお弁当を忘れたことがあった。彼は気づいていたのだが、あとで食べる時に取りにいけばいいと考え、放っておいたという。いうまでもなく、取りにいった頃にはすでにお弁当は食べられる状態にはなく、代わりのものを買おうにも周りに店はなく、結局チームメイトが少しずつ彼に援助する形になった。

一人の選手のちょっとしたミスが、チーム全体のコンディションを狂わせることになりかねない。選手個々が自分の食事についてしっかり責任を持つことも、大切なコンディショニング・テクニックであることを肝に銘じておいてほしい。

試合の日の補食

疲労回復という意味では、試合終了後30分から1時間以内に取っておきたいものがある。一発ものですませたいなら、柑橘系のフルーツヨーグルトを食べる。多少なりとも時間があるのであれば、牛乳やヨーグルトとオレンジジュー

＊5　マルチビタミンと呼ばれるもの。最近はコンビニでも売っている。手に入れば、マルチビタミンに加え、マルチミネラルと書いてあるものがいい。当座のものなので、安いもので構わないだろう。

スなどの柑橘系ジュース。おなかがすいていたら、チーズパンに柑橘系ジュースでもいい。

帰りも遅くなり、試合終了後1時間以内に食事ができない状況であれば疲労回復を考え、補食を用意することが望ましい。用意するものの一例としては、おにぎりやパンなどの炭水化物源に、昼食のサイドメニューで紹介したような果物・果汁・乳製品など。

また、これらは移動途中、コンビニエンスストアなどで購入することも可能だが、その際にはある程度買うものを限定し、その意味を考え、補食の意味を

父母へ

「試合前日の心得」

試合の前の晩の食事といえば、一昔前までは「敵に勝つ」ということで、トンカツとステーキを食べるのが有名だった。しかし今では、肉と脂肪の取りすぎになり、内臓を疲れさせ、安眠の妨害にもなるということのほうが有名だ。基本は、脂肪の取りすぎに気をつけるだけ。ごはんがしっかり食べられるいつもと同じものを。体が食べ慣れているものが一番なのだ。でも、何か「がんばってね」という気持ちを表したいのなら、ちょっと手間をかけた1品をプラスしては？　消化のいい卵料理の代表、茶碗蒸し。夏は冷やしたり、卵豆腐でもいい。デザートにプリン。ただし生クリームのトッピングは無用。その他、ごま豆腐、フルーツゼリーや白玉など、消化がよくて低脂肪の一品は前祝いにぴったりだ。

指導者へ

「試合に合わせてどう食べるか?」

朝一番の試合の時は、選手それぞれの食事時間を把握しておくことが必要だ。自宅から集合場所までの時間がまちまちであれば、その食事時間にもかなり差が出ているからだ。集合に時間のかかる選手は、朝、自宅では水分と食事は少しにして、残りの分は集合してから食べるようにするといい。また、試合が昼食時にかかる時には、あらかじめ朝食を早めに取らせるように指示し、昼食が早くても食べやすいようにする。基本はアップ前に食べておきたいが、アップ後に昼食になるようであれば、おにぎり、あっさりしたサンドイッチ、果物、果汁、ゼリーなどを中心にし、さらに、エネルギー切れを予防するために、試合途中にも果汁や糖質のタブレットを補給できるようにしておくといいだろう。

理解するきっかけにしよう。

以上、無意識のうちにこれらを自然に取り入れている選手も多いと思うが、なぜこれらを考えることが必要なのか、新入部員を含めて再確認すること。

また、当然のことながら、コンディショニングは食事だけではできない。食事とともに個々の生活の中でのケアに対する考え方も一緒に確認できれば鬼に金棒といえる。

大切なのは考えることを習慣にすること。大切な試合の日になってからあわててやろうとしても、うまくいくわけはない（＊6）。

＊6
試合では運・不運が勝負を分けることもあるが食べることに関しては運・不運はない。あくまでも自分の選択だ。

試合の日のお弁当 ○と×

主　食

おにぎり

○ 梅干し
ふりかけ
ごま

× 生ものの具
汁気の多い具

おかず

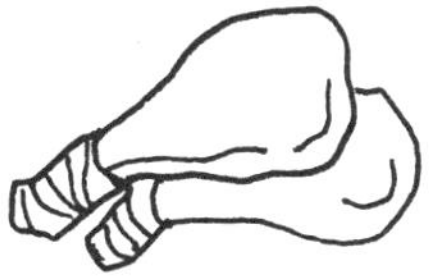

○ 衣の薄い唐揚げ

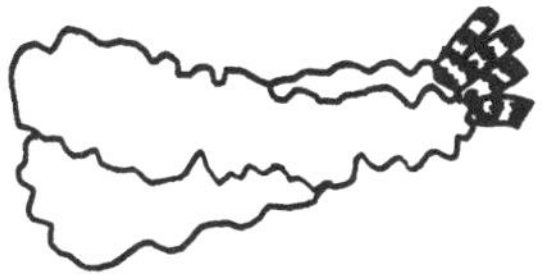

× 衣の厚い天ぷら

サイドメニュー

○ 果物
チーズ
ヨーグルト
バランス栄養食

6回裏

イザという時も食は味方になる。緊急時に食べるもの

逆境に強い選手になろう

アクシデントは誰にでもある。どんな選手も身をもって知っているだろう。でも、アクシデントのたびに試合や練習に出られなかったりしたら、それこそ「イザという時に役に立たないヤツ」というらく印を押されかねない。

問題は対処の仕方だ。手術が必要なケガは別だが、ケガからの復帰やちょっとした体の変調は、薬に頼らずとも食事にできることがある。食事にしかできないことがあるといったほうがいいかもしれない。人間には、本来、自ら治ろうとする自然治癒力が備わっている(＊1)。その治ろうとする力をサポートするのが食事だ。薬のように副作用もなく、体への負担もなくそれをしてくれるのが食事なのだ。

＊1　この治癒力がなければ、切り傷の口も自然にふさがらない。

野球選手が最も遭遇しやすい3つの「イザ！」において、食事で可能な対処法をみていこう。

ケガをして十分に練習ができない時の食事

野球に限らず、スポーツにケガはつきものだ。

この場合、大切なのは、いかに早く治して現場復帰できるかということ。ケガをしてしまった自分を責めたり悔やんだりするのは一瞬だけにしておいて、モチベーションを維持し、ひたすらグラウンドに立つことをめざす。そのための食事テクニックを紹介しよう。

●ケガを治すための栄養素を積極的に取る

まずは体の基盤の修復だ。

骨や関節の材料であるタンパク質とカルシウムを、その吸収を高めるビタミンCと一緒にしっかり取ること。さらに新しい細胞を作るために欠かせない亜鉛を意識的に取り入れること。亜鉛はカキをはじめとする貝類、魚、肉、アーモンドやごま（＊2）に多く含まれている。

●体脂肪をためない食事をする

そしてスムーズに復帰するための戦略。

運動量が減っている体は、いつもの勢いで食べると太ってしまう。トレーニングをしていて、筋肉で体重が重くなるのはいいのだけれど、動かないで体脂

＊2
ごまをたくさん取る機会はなかなかないが、麺に使うといい。ラーメン、冷やし中華、そばやうどんなら山ほどかけても味に合う。すりごまにすると吸収がよくなる。

肪をつけてしまうのはまずい。筋肉は体を動かすエンジンだけど、体脂肪は重り。ケガが治って、さあ、これから練習開始っていう時に、余分な体脂肪がついていたらそれが負担となって、せっかく治りかけたケガをぶり返させてしまう結果にもなりかねない。

だから、ケガをしている時の食事はしっかり管理したい。時間はあるし（＊3）、動けないストレスから逆にいつもより食べてしまいがちだけど、ここはぐっと我慢して、計画的な食事をしよう。

その基本は高タンパク、低脂肪。菓子類、夜食は厳禁。甘い飲み物も要注意だ。

ちょっとしたダイエット食くらいに考えていい。あと、体の動かせるところはしっかり動かすこと。周囲の筋肉を衰えさせてしまっては、ケガの箇所の負担が増え、復帰が遅くなってしまう。同時に、水分はこまめに取って、血の流れをよくして新陳代謝を促すことも大切だ。

風邪をひいた時の食事

野球選手にとって風邪はやっかいだ。チームの誰かがひきはじめると、アッという間にみんなに感染してしまう。こんなところでチームワークがよくても仕方ない。

「あ、まずい、うつったかも」と思った時にはすでに手遅れで、次の朝にはそ

＊3
あいた時間はイメージトレーニングに使おう。あの時に打てなかったのはなぜか。あの時に捕れなかったのはなぜか。じっくり考えてみることはいくらでもあるはずだ。

の直撃を受けているのが風邪。特にヤツらは疲れてスキのある体を狙い撃ちにする。冬はもちろん、大事な試合のある夏でも風邪は要注意。しっかり対策を考えよう。

まずは予防。守備固めだ。日頃からうがいを心がけることと、手洗いの徹底。特に食べる前には必ずこの2つを忘れずに。小学生じゃないんだからと笑う前に、自分がホントにしっかりそれをできているか考えてみよう。

それと汗をかいたらこまめに着替える。夏、汗をかいたまま冷房の効いた部屋で寝てしまい、風邪をひくというパターンがとても多い。

それでも風邪はやってくる。一番肝心なのがひきはじめ対策。そのあとの苦しみを考えれば、大げさなくらいの対策がちょうどいい。ちょっとでもくしゃみを連発したり、ティッシュを使う量が増えたら、とにかく温かいものを食べたり飲んだりするようにする。ホットミルク、ココア、うどん、鍋物、煮込み料理。夏でも体を温める唐辛子やしょうが、ねぎなどの香辛料や薬味は、どんどん振りかけたり加えたりするようにする。カレーやキムチもおすすめだ。加湿器代わりに湯気を思いきり吸引するのもいい。

あとは野菜や果物からビタミンA、Cを中心としたビタミンをいつも以上にいっぱい取ること。生のものが手に入らなければジュースでもいい。これらのビタミンが不足すると体は一気に弱まってしまう。

もし、対抗策が遅れて、すでに直撃されて発熱した場合は、まず水分補給。

番茶、麦茶など、飲み物をたっぷり飲もう。乾いちゃダメ。風邪菌の思うツボだ。スポーツドリンクも、緊急時にはその糖分とミネラル分が大きな助けになる。

そして温かいものをいっぱい食べて(＊4)、汗をかいて体温を下げる。汗をかいたらこまめに着替える。しょうが湯、ハニーホットレモネードにも体を温める効果がある。手作りが無理なら、栄養ドリンクをこういう時にこそ利用してみるのもいいだろう。

ノドが痛い時や咳の止まらない時は、どうしても食べるのがおっくうになる。その炎症を和らげるため、ノドごしのいいスープや、つるんとしたババロア、ゼリー、果物の缶詰などでノドを冷やし、糖質でノドの炎症をコートしながら、少しでもエネルギーを確保する。

昔からノドによいといわれている、大根を使ったはちみつ大根や黒豆とその煮汁も強い味方。ふだんは食べないかもしれないけれど、これは日本人の長年の知恵。おじいちゃんやおばあちゃんはこれで咳に打ち勝ってきたのだ。

大事な試合の日、おなかが痛くなったら

下痢は、当事者の苦しみとは裏腹に周りの笑いを誘いがちなのがタチが悪い。下痢には急性と慢性がある。急性では飲みすぎ食べすぎからくる消化不良によるものと食中毒。前者はその状態によるが、軽症だったら2～3日でよくな

＊4
熱がある時は氷枕のように冷やすのがいいように思えるが、体の中は熱を出したがっている。冷たいものばかり食べるのではなく、温かいものを体の中に入れて、汗として熱を排出しよう。

る一時的なものだが、後者についてはきちんとした治療が必要。お医者さんに直行しなければ。

慢性で多いのは過敏性大腸症候群。この場合、下痢と便秘を繰り返すことが多く、原因がはっきりしないのが特徴。試合前のようにストレスがかかる時、トイレに駆け込む選手も多いようだ。

いずれにしてもトイレで飲み食いすることはできないから、トイレからなんとか出てこられたら、薬と一緒に水分を取ることを忘れないように。飲んだらまたすぐ出そうで怖いかもしれないけれど、脱水症状を起こさないようそれで

父母へ

「入院中の差し入れに配慮を」

ケガをした選手、特に入院となると、親としては不憫に思い、つい、いろいろと食べ物を差し入れしたくなるだろう。でも、選手に早く元気になってもらい、現場復帰して生き生きとした姿を見せてもらいたいなら、基本は病院の食事。そのうえで足りないものを、差し入れで補うように心がけたい。野菜・果物・ヨーグルトなどはいいだろう。動けない時の見舞いのお菓子は体脂肪のもと。運動どころか、体を動かすことさえままならないうえ、他にやることがないから自然とお菓子に手が伸びる。食べた分は、見事に脂肪増加に直結するだろう。少しはいいが、残りは目の毒にならないうちに持って帰ってあげよう。選手の復帰のためのトレーニングは、ここからすでにはじまっている。

指導者へ

「胃を丈夫にする食事」

日頃のストレスが胃にくるという指導者が多い。選手にあたる前に、日頃から胃を丈夫にするための食事を心がけよう。消化を助けてくれる酵素が入っている、大根おろしと山芋。大根の葉っぱがあればジュースにして飲むのも効果的。また、キャベツに含まれるビタミンUは胃酸の分泌を抑え、胃腸粘膜の新陳代謝を活発にする。これにより胃潰瘍や十二指腸潰瘍を治療あるいは予防する。さらには胃痛だけでなく食欲不振、吐き気、解毒にも効果あり。ビタミンUの別名がキャベジンと聞けばピンとくるのでは？　また、最近では、高校生でもストレスという言葉を平気で使うので、キャプテンを任せている選手が悩んでいるようなら教えてあげてほしい。「おまえしかいない」という言葉とともに。

も飲むのが原則。ただし、腸を刺激しないように温かい薄めの番茶などがいいだろう。冷たいものや炭酸飲料は避けること。

食べ物も冷たいものと繊維の多いものは避ける。ごぼう、たけのこ、豆類、りんご以外の果物、炭酸飲料、アイスクリームは、治るまでやめたほうがいい。下痢がひどい時には、一日くらい食事を抜いて、消化のよいものから少しずつ食べていく方法もある。

でも、試合となればそうもいかない。アメやタブレット、冷しすぎないゼリーなどで、様子をみながら少しでもエネルギー補給をしよう。緊急時には下痢止めの出番になるかもしれない。

やむをえず薬を飲んで下痢が止まっても(＊5)、帰ってからの食事は消化のよいものを。その小康状態は薬が強制的に止めているだけだ。肉や魚はやわらかく煮たり蒸したりした、脂っこくないメニューを選ぶ。また、消化の悪いたこ、いかや筋の多い肉は下痢を助長する原因になるのでもう少し我慢。

どんなアクシデントに見舞われようとも、めげちゃいけない。チームメイト全員が、キミの復帰を待っているのだから。

＊5
通常の下痢は、腸の状態がアンバランスになった結果。薬で押さえ込むより、食事で調整するべき症状だ。ただし、ビフィズス菌やアシドフィルス菌などが配合された整腸剤は助けになる。

こんな時には、この食べ物に注目!

ケガ

- カキなど貝類
- 魚
- 肉
- アーモンドやごま

風邪

- うどん
- 鍋物、煮込み料理
- カレー
- ココア、ホットミルク
- 果物

下痢

- 温かい番茶

下痢の時はダメ!

- ごぼう、たけのこ、豆
- 炭酸飲料、アイスクリーム

食事のおいしさは、作り手と食べ手の距離の近さにあるのだ。

「僕も元テニスの選手で、いつかスポーツ選手の食事を作りたいなと思っていたので、今度の人事異動はうれしくて仕方がないんですよ」。初めて会った時、Nさんは目をキラキラ輝かせてこういった。

Nさんは、調理師。高校時代は国体にも出場したテニス選手。この時に私の関わっていた三重県の社会人野球チームの食事を担当することになったのだ。「スポーツ栄養にもとても興味があるんで、海老さんに会うの、とても楽しみにしてたんです」ともいってくれた。中には栄養士をうとんじる調理師もいると聞くのに、なんともありがたい話だ。Nさんは太陽の下でテニスするのがぴったりの、明るさと温かさが全身ににじみ出ているような人だった。そんな彼の作る料理にもどこか温かさを感じる。味付けも選手と同世代であるためかとても好評だった。

寮の食事がおいしくなる一番のポイントは、作り手と食べ手の距離を縮めることにある。物理的な距離ではなく、気持ちの距離だ。この距離が伸びれば伸びるほど、食事は味気なくなってしまう。Nさんはこれをどんどん縮めていった。

まず、あいている時間はグラウンドに通った。そして前よりもっと野球がおもしろくなり、このチームのファンになったという。時には選手の状態を私に報告してくれることもあった。

「海老さん。選手がどうも疲れているんです。練習の途中にジュースを作って出したらって思うんですけど、何かいいレシピありますか?」。早速レシピを何種類かＦＡＸで送る。すると次の日にはそれが練習途中の選手に届けられている。

練習が終わったあとの選手とのコミュニケーションも欠かさない。数カ月後にはNさん、選手各自の好き嫌いをほとんど把握していたようだった。その好みに合わせた新しい料理もいろいろ考えて、社内の栄養士さんに相談していたらしい。

また、ピリオダイゼーション（期別のコンディショニング）を意識したメニューについても積極的に取り組んだ。私と各期別に設定エネルギーとテーマを決め、それに合わせたメニューを社内の栄養士と考え、それを選手の体調によってアレンジする。体調を崩した選手にはできる限り個別に対応する。

こんなきめの細かい対応を毎日コツコツ続けて、Nさんは食べ手である選手との距離を縮めていったのだ。そしてこれが当たり前になってきた頃、このチームは日本一になった。もちろん日本一になったのは選手。でも選手がここまでがんばれた陰にはNさんの努力があったのだ。

そして、それを選手もスタッフもよーく知っていた。こうしてNさんはチームになくてはならない人になった。でもしばらくしてNさんは転勤でイギリスに行くことになってしまった。会社系列のホテルの担当になったのだ。そしてそれから4年後、Nさんは再び三重県に帰ってきた。「イギリスでの経験を生かしてまたがんばります」という力強い言葉とともに。きっと一回り大きくなって帰国したであろうNさんに会うのが今から楽しみだ。

こんな話を聞くと、自分の周りにもNさんみたいな調理師がいたらなぁって思う選手、多いはず。そうだよね、でもNさんみたいな人はそうそういるもんじゃない。だから周りに頼っていちゃダメ。自分がNさんになることを考えよう。

自分からごはんを作ってくれる人との距離を縮めるのだ。自宅で食事をしている選手はお母さんと、寮で食事をしている選手はその食事を作っている人とのコミュニケーションを図ろう。で、今よりもっと自分のファンになってもらおう。そうすれば、ごはんは今より絶対おいしくなるのだ。

7回表

じいちゃん、ばあちゃんの知恵。伝統食を野球に生かす

巨人軍桑田投手の自主トレメニュー

いつだったか、読売ジャイアンツ桑田真澄投手の自主トレの様子がテレビで紹介されていた。自主トレ期間中の桑田投手の食事は、毎食「ま・ご・わ(は)・や・さ・し・い」を揃えるように考え、料理も自分がしているとのこと。

この「ま・ご・わ・や・さ・し・い」って、どこかで聞いたことあるだろうか？　もしかしたら、お母さんにはテレビの健康番組などでおなじみかもしれないけれど、野球選手にとってはあまり一般的ではないだろう。

実はこれ、食べ物の頭文字。「ま」は豆、「ご」はごま、「わ」はわかめで、海藻全般をさす。「や」は野菜、「さ」は魚、「し」はしいたけなどのきのこ類、「い」は芋。

これらは現在「健康食」といわれている代表的なものなのだ。栄養学的にみても、ここにごはんなどの主食が入れば、食事のオールスターだ。

自分のコンディショニングにおいて球界屈指といわれる桑田投手のこの食事法。プロ野球選手も人間。まずは、健康を維持する基本をおこたるようでは先がない、ということなのだろう。

健康食といっても、高価なものや貴重な食材ではない。本来、これらはみんなのおじいちゃんおばあちゃん世代には当たり前だった日本の伝統的食材。でも、選手のみんなにとっては、遠い存在になってはいないだろうか？

高校野球選手のウィークポイント

毎年全国100人以上の高校球児の食事調査をしていて感じるのが、高校球児たちの毎食のおかずは圧倒的に肉類中心であること（これは「おごってもらうとしたら何がいい？」の問いにも「焼き肉」って答えがダントツなことでもわかる）。

そして、野菜はサラダが多い。サラダはかさが多くなる分、野菜を取った気分にはなるけど、実は量も種類も取れていないことが多いのだ(＊1)。食事調査で「ま・ご・わ・や・さ・し・い」の食材が登場してくることは極めて少ない。「ま・ご・に・わ・や・さ・し・い」と「に（肉）も入れてよ」というならわからないでもないけど、他のすべてが足りないのだ。そしてこの傾向に地方

＊1 機会があったら、自分がいつも食べる量の生野菜サラダをゆでてみると、その少なさを実感できるだろう。かさを増やすキャベツやレタスがしぼんで、ほんの一握り程度になってしまうはずだ。

性はない。全国各地、ほとんど同じ。これって、不思議なことなのだ。

南と北でもそうだし、山間部と海辺でも食べるものは違って当たり前。山ではきのこ。海では魚。魚も、海ではなくて山のほうだったらアユやニジマスなどの川魚になるし、池がたくさんある地域ではコイにもなる。そして、畑では野菜や豆。南北に長い日本には、その土地土地でとれる食べ物がある。地元でとれた新鮮な食材は、栄養価もバツグンに高い。「FOOD（フード）＝風土」というくらい、その土地で育つ人の体は、その土地で育ったものを食べ、共存して健康は保たれる。これが原則だった。だから、従来はその地方によって食べているものに特徴が出ているのが当たり前だったのだ。

それが今はなくなりつつある。流通経路が整備され、日本各地の、それどころか世界各地の食べ物が近くのスーパーに並び、チェーン店のファーストフードやファミリーレストランが日本全国に点在する（＊2）。海沿いで育っているからって魚を食べなくても生活できる。きっと、地元の食材を意識することなど、ほとんどないって選手が多いと思う。

でも、だからこそ、何を選ぶのか？　を自分で決めなくちゃいけない。健康を保ち、野球選手としての体を作るために。

健康なんて、当たり前すぎてあまり意識したことがないかもしれないけど、健康という土台がないと野球選手の体は作れない（＊3）。競技力も絶対伸びない。たとえ技術を習得しても体力がなければ維持できないのだ。

＊2
例えば、海沿いの地方でも、近所の漁港に新鮮な魚があがっているのに、一括納入の素材を使うチェーン店などでは、わざわざ遠くでとれた魚を食べていることになる。

＊3
一度でも大きなケガや病気を乗り越えた選手が精神的にタフになるのは、健康であることの大切さを実感しているからだ。

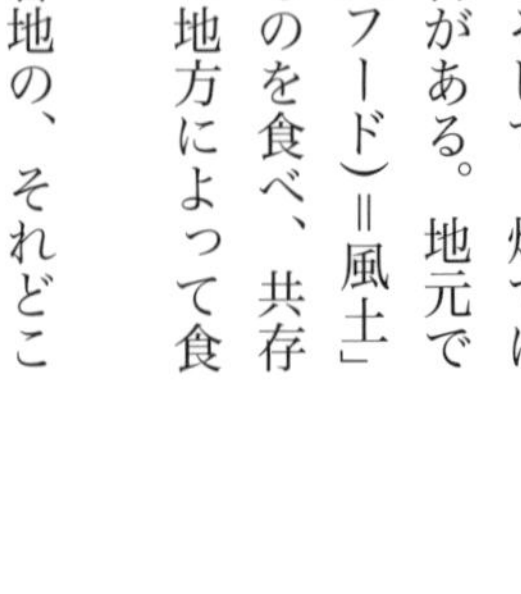

そして、この「ま・ご・わ・や・さ・し・い」をはじめとした「伝統的健康食」といわれている食べ物には、肉では補えない、野球をするために必要でありながら今、不足している栄養素がたくさん含まれている。

肉が悪いわけじゃない。肉ばっかりなのが野球選手のウィークポイントなのだ。ならば足りないものを意識して食べればいい。

健康食は、おじいちゃんおばあちゃんの長寿のためだけにあるものじゃない。野球選手にとっても大切なものなのだ。選手としての寿命を延ばすためにも大切なものなのだ。

この野球選手のウィークポイントに気がつき、実践したのが、桑田選手なのだろう。

球児の健康を保つ食材はこれだ！

では、高校球児に今、足りない食材は何か？

食事調査の結果から、6つのグループに分けてラインアップしてみる。

①魚（背の青い魚・小魚を中心に）

肉も魚も動物の肉。違いは何か？　牛や豚は一度に一頭丸ごと食べられないけど、小さめの魚は一尾すべて食べられる。ひとつの生命体すべてを食べることができる。これにより、いろいろな栄養素が効率よく取れるのだ。

②乾物（切り干し大根・ひじき・寒天・わかめ・干ししいたけ・高野豆腐など）

日本の伝統的保存食。干すことで栄養価は凝縮される（＊4）。各種ミネラル、食物繊維の宝庫。おかずで出ていても見ないふりをしていた選手は大損。人の分を取ってでも食べたい食材。

③青菜（小松菜・ほうれん草・春菊・モロヘイヤ・パセリ・チンゲン菜など）

牛は草だけであれだけの体を作る。それだけでも青菜の実力がわかるだろう。皿に付け合わせで青菜がのっていても、単なる飾りだと思って避けていないだろうか。

④豆（大豆・納豆・さやいんげん・えんどう・枝豆・いんげんなど）

昔も今も、豆は日本人の大切なタンパク質源だ。一緒にビタミンB群、鉄分、カルシウム、マグネシウム、食物繊維を豊富に取れるのも特長。

⑤根菜類（にんじん・玉ねぎ・じゃが芋・れんこん・里芋・ごぼうなど）

根菜類は土の中で育っているだけあって、一見地味だし野暮ったい。青菜やトマトのような派手さがない。野菜とさえ認識していない選手もいるんじゃないかな。でもその分、隠れた栄養素をいっぱい持っているのだ。例えば、大根おろしは消化を助ける酵素を持っているし、玉ねぎはビタミンBの吸収を助ける酵素を持っている。芋に含まれるビタミンCは熱に強い。ずっしり重い根菜類にはその分の効用が含まれている。よくかみしめてその恩恵にあずかろう。

⑥発酵食品（納豆・ヨーグルト・味噌・キムチ・チーズ・ぬか漬けなど）（＊5）

発酵させるということは、乳酸菌を増やすだけではなく、素材にプラスアル

＊4 例えば、切り干し大根は、生の大根に比べ、タンパク質は12倍、食物繊維は17倍にもなるのだ。

＊5 他のグループは伝統的食材だが、このグループは加工食品。味噌はともかくそのまま食べられるものだ。クセがあるものも多いが、そのクセこそパワーになる。

ファのおまけをいろいろもたらす。素材だけでは得られなかった栄養素が生まれたり、素材だけでは考えられないほど、特定の栄養素を多くしたりするのだ。菌の力はすごい。キムチやヨーグルトもそれぞれの国の大事な伝統食。この他にも各地にはそれぞれの発酵食品がパワーのある伝統食として伝わっている。いろいろ食べて、よい菌を味方につけて体力を強化しよう。

これら伝統食は、忘れかけていた体の機能を向上させてくれる、先祖からの贈り物だ。

父母へ

「乾物類はしまっちゃダメ」

乾燥わかめ、切り干し大根、干ししいたけ、ごま、青のり、かつお節…買って使いきれないと、つい戸棚や引き出しにしまってそのまま忘れてしまうことないだろうか？　乾物を効率よく使うコツは、しまわず目に見えるところに置くこと。カットわかめやごま、青のり、かつお節などは乾燥剤と一緒に空きビンに入れて食卓に置いておき、いろいろなものにトッピングする習慣をつけると、料理がパワーアップする。高野豆腐は残ったらフードカッターですり下ろしておくと便利。そのままだったら揚げ物の衣に。一度湯にもどしてよく水気を切ったものをひき肉料理に混ぜる。特に鶏ひき肉との相性がいいから、つくねや鶏そぼろを作る時におすすめ。カルシウムと食物繊維の強化になる。

指導者へ

「まずは自分の食生活を見直そう」

桑田選手に学ぶべきは選手ばかりではない。仕事と部活の両立で疲れとストレスをためがちな指導者にもぜひおすすめしたい食材ばかり。最近、指導者の年齢も若くなり、これら日本の伝統的食材を知らない人も多くなった。切り干し大根とかんぴょうを勘違いしていたある指導者と大笑いしたことがあるくらいで、選手にすすめるにも指導者がその食材を知らないと難しい。それで料理を作れとはいわない。例えば、打ち合わせで寄った居酒屋で、ちょっと見かけない食材を目にしたら店の人に尋ねてみるといい。「あぁ、これが。名前だけは聞いたことあったけど」なんていう食材にいろいろ出会うことができるはず。食事に自信のない指導者も、こんなところから自分の食事を見直してみたらどうだろう？

忘れかけているものや今まで意識していなかったものがあれば、ぜひ積極的に食べてほしい。これらのほとんどはよくかんで食べるもの。慣れるまではちょっと違和感があるかもしれないが、よくかみしめていって慣れてくると、きっと新しいおいしさを発見することになるだろう。

本当なら、「ま・ご・わ・や・さ・し・い」ではなく「おばあちゃんは優しい」とさえいいたいようなありがたい食の知恵。この知恵をしっかり受け継ぎ、野球で活躍する孫の姿をおじいちゃんおばあちゃんに見せて「うちの孫は優しい」といってもらえるようになろう。

覚えておこう！
「ま・ご・わ・や・さ・し・い」

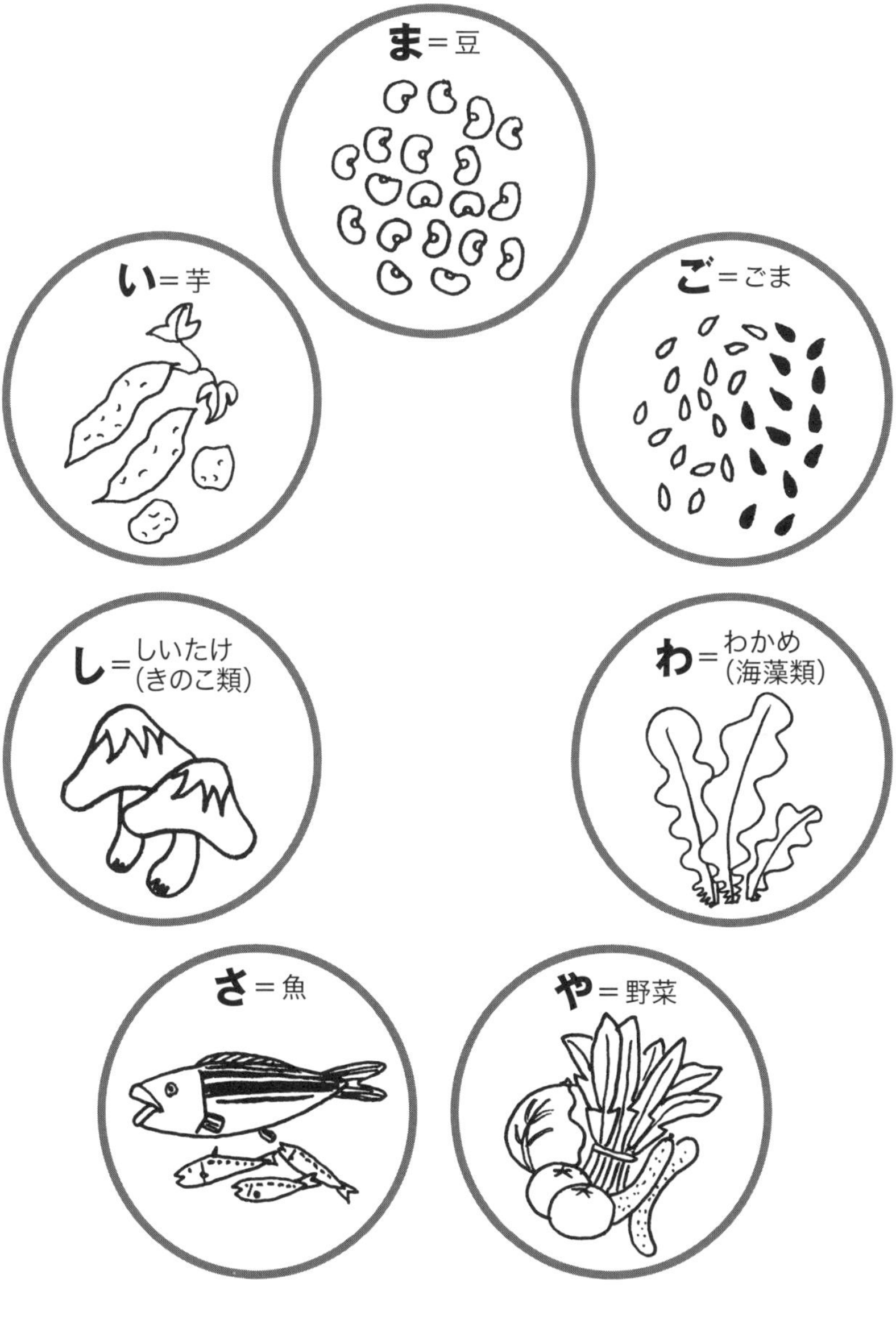

7回裏

野球選手の太陽対策。錆びついちゃったら野球はできない

「カッセイサンソ」って知ってる?

活性酸素と書く。活性だし、酸素だし、いかにもパワーアップしてくれるもののように思えるかもしれないけど、これが大違い。

人間は酸素がなくては生きていけないけど、実は吸った酸素のおよそ2%は殺菌、解毒といった目的のため、とても毒性の強い酸素になる。これが活性酸素。

これがなければ私たちの体は、外部からの侵入物(ウイルスなど)に簡単に冒されてしまう。でも、これが大量発生すると自分の正常な組織、細胞までも傷つけてしまうのだ。酸素はいいものとは限らないわけだ。

今、この活性酸素が過去に例をみない勢いで増加してきている。だから話題

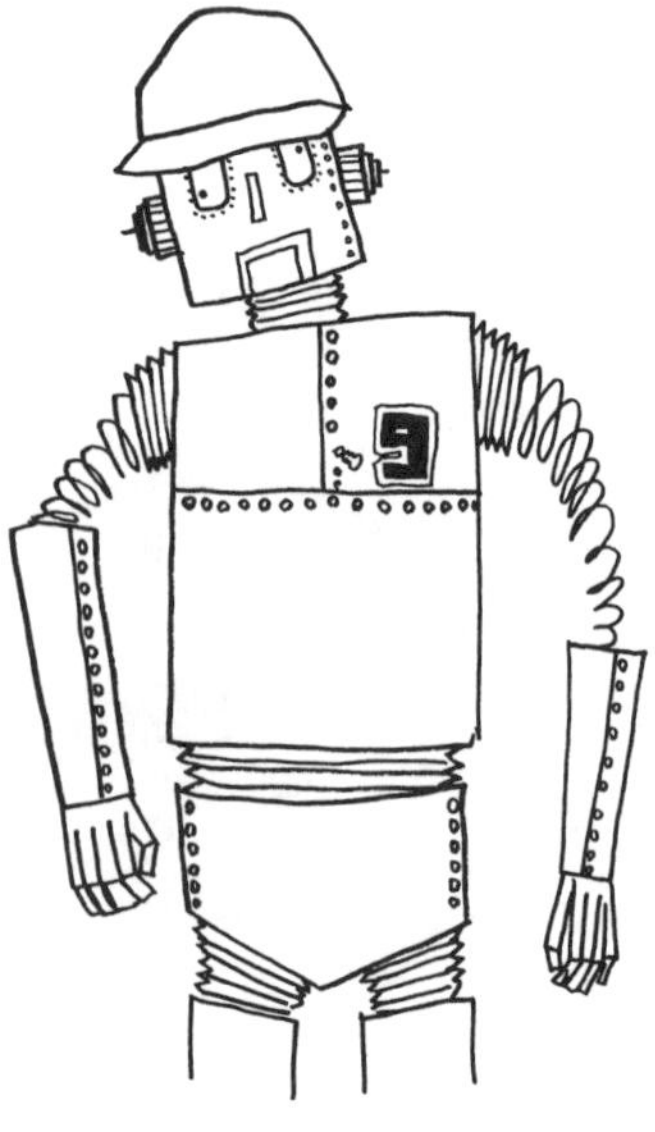

になっているのだ。その原因は、ダイオキシン、排ガス、紫外線、放射線、X線、電磁波（＊1）や、食品添加物、農薬、抗菌、抗生物質などの科学物質の増加、といった、地球の環境破壊と身近な生活環境の汚染らしい。

さらに、ストレスや飲みすぎ食べすぎ、睡眠不足、激しい運動、日焼け…なんていう、野球選手とは切っても切れないような生活習慣も、実は活性酸素を増加させる要因なのだ。

お父さんの年代だと、健康に対する敵といえばコレステロールが一番だったが、今注目は活性酸素。諸悪の根元のようなやっかいなものだ。ストレスや飲みすぎ、睡眠不足が要因なんていうと、大人が気にするべきことのように感じるかもしれないけど、大人はあまり激しい運動や日焼けをしない。これをするのは選手なのだ。

活性酸素と野球選手

だから「酸素とエネルギーをたくさん必要とし、炎天下で長時間練習することが多い野球選手」は、一般の人よりも活性酸素を発生しやすい（＊2）。さらに「外食が多く、夜更かし気味で、ストレスもためやすい」なんていう選手は、自分がかなり活性酸素の毒にさらされやすい状況にいることを自覚しよう。

活性酸素の毒は、強い「酸化」によるもの。化学で習ったかもしれないけど「酸化」とは、むいたりんごが茶色になったり、鉄棒が錆びついたりすることで

＊1 電磁波はパソコンや携帯電話からも出ている。ちょっと前まではこれらの機械は一般的ではなかったけど、今や誰でも持っている。だからこそ対策が必要になるのだ。

＊2 だから炎天下での練習が悪いというのではない。それをいったら、排気ガスを吸わないために一生外に出ないほうがいいことになる。何事にもリスクはある。炎天下で練習してうまくなりながら、体への負担を少しでも減らす方法を考えるのだ。

目にしているものだ。むいたりんごはそれほど時間が経たないうちに茶色くなるけど、鉄は少しずつ気がつかないように錆びていく。ふだんから気をつけていなければ手遅れになりかねないのだ。

体の細胞の錆びつき、つまり酸化は、細胞の老化を意味する。選手にとって、ケガや疲労からの回復が遅れることにもなるのだ。野球選手として元気に活躍するために、これほど邪魔になるものはない。

しかも、細胞の老化は放っておけば確実に将来に繰り越される。今はまだ体力が上昇曲線を描いているからいいものの、自分の親の年代になった時に、一気にそのツケが回ってくる可能性もある。実感はまだわかないかもしれないけど、自分が親になった時、息子とキャッチボールをして「ホントにお父さん、野球やってたの？」なんていわれないためにも、野球選手だからこその「活性酸素対策」が急務なのだ。

活性酸素に負けない作戦

活性酸素の影響は、現在の環境下で生活する限り、完全に避けることはできない。野球をしていればなおさらだ。が、コールド勝ちは無理でも「負けないための食べ方」はある。親に協力してもらうのはもちろんだけど、選手それぞれが自覚を持って取り組む必要があるほど活性酸素は手ごわい。お弁当や家での食事のポイントは父母向けに書いておいたから、外食する時の責任は自分で持てるように、以下の作戦を頭にたたき込んでおこう。

●作戦その1「原因物質をなるべく取らない」

食べ物での原因物質の代表は、食品添加物、残留農薬、過酸化脂質など。これら目に見えない原因物質を取るのを、少しでも減らしたい。

例えば、野菜・果物は旬のものを食べること。自然に逆らわない時期に収穫された野菜は、化学肥料や農薬が少なくてすみ、育つのも早いのでこれらの影響を受けにくい。

旬の野菜ってどれだろう。季節の野菜がすぐにわかる選手は、かなり食べ物に気を使っているとみた。わからない選手も丸暗記する必要はない。次のような方法がある。

まず、都会の選手は、スーパーで特売されていたり１００円で売っている野菜が、旬の野菜と思ってほぼ間違いない。自然に恵まれた環境の選手は、近所の畑を見ればすぐにわかる。今なっている野菜が旬のものだ。

●作戦その2「スカベンジャーを味方につける」

スカベンジャー。ゴレンジャーではない。その敵でももちろんない。この聞き慣れない言葉は、「抗酸化物質」という意味。活性酸素からの酸化を防いでくれる頼もしい味方なのだ。実は体にはもともとこうした抗酸化物質が存在していて、体を守ってくれている。でも、活性酸素が増加する今、特に野球選手は、これら「スカベンジャー」をより積極的に取り入れることが重要だ。

ただ、このスカベンジャー、お店で「スカベンジャー、ください」といっても手に入らない。いろいろな食べ物の中にこっそり含まれているのだ。大きくは3つに分類することができる。それぞれを覚えて毎日の食事の時、意識して食べるようにしよう。

①体内で合成できる酵素（＊3）

酵素の材料はタンパク質。良質なタンパク質を毎食に分けて食べることは、活性酸素に負けないためにも大切。また、酵素を作るためにはミネラルも必要。中でもセレン（セレニウム）というミネラル（＊4）はスカベンジャー酵素との関係が深いことで注目されている。

②ビタミン

ビタミンも、スカベンジャーだ。特に抗酸化ビタミンとしてはビタミンA、C、E、B_2が要チェック。これらビタミンをあわせ持った食材（＊5）を取ることも有効だ。

③ポリフェノール

コマーシャルなどでよく耳にするポリフェノール類(＊6)もスカベンジャー。この成分の多くは、食品の色や渋み、苦みに多く存在する。特に皮や種、芯、葉など、今まで捨てられていたようなところにも多く含まれているから粗末にできない。

●作戦その3「負けない食べ方を実践する」

＊3 酸素と字が似ているから間違えないように。これは酵素（こうそ）。

＊4 セレンを多く含むのは、わかさぎ、いわし、かれいなど。日本人は外国人に比べて魚を食べるので不足の心配はあまりないが、魚嫌いは注意する必要がある。

＊5 A、E、B_2を多めに含んだ食べ物の代表はうなぎの蒲焼き。レバーの油炒めも網羅できる。これに柑橘系の果物を食べればCが取れる。

＊6 ポリフェノールを多く含む食品は、春菊、そば、ココア、緑茶、バナナ、納豆、マンゴーなどなど。大根は、白い根に比べ、葉には2・5倍も含まれている。

まずは、よくかむこと。また、食物繊維を多く取ることで原因物質を体に残さない食べ方ができる。次に、抵抗力をつけること。抵抗力の基本は体力だ。厳しい練習で体力をつけることは、野球のレベルアップのためだけではない。これから何十年と生きていくためにも役に立つことなのだ。

さらに、食べ合わせの効用も見逃せない。例えば、おやつを考えよう。「コーラ＋ポテトチップス」。これでは添加物や過酸化脂質が心配。活性酸素を応援するために食べているようなものだ。栄養素的に期待できるとしたら、ポテトチップスのビタミンE、Cだが、これらはわざわざポテトチップスから取らなく

父母へ

「活性酸素対策は家族みんなで」

活性酸素の影響を受けるのは、当然のことながら選手だけではない。お父さんやお母さんは、確かに激しい運動や強い日焼けとは無縁かもしれない。しかし、飲みすぎやタバコ、ストレスなどは選手以上に問題となることだろう。体の老化をもたらすという意味でも、親のほうがより実感を持ってその恐ろしさを認識できるはず。活性酸素対策は、家族みんなに必要なのだ。いろいろある原因を、せめてまず食卓からだけでも取り除くには、親の努力が欠かせない。131ページに掲載した食品選びのチェックポイントを選手と一緒に確認して、少しでも食べ物から原因物質を取らないように気をつけよう。一見、面倒に思うかもしれないが、スーパーで鮮度をチェックする視点を活性酸素に向ければいいのだ。

指導者へ

「野球を悪いものにしないために」

激しい運動にプラスして、長時間直射日光にさらされることの多い野球は「体に悪いこと」なのだろうか？　確かに、活性酸素の影響は否めない。が、なにも運動は酸素を取り入れるためだけにするものではない。人間が人間としての骨格、筋肉、運動神経を養い、ストレスを解消するためにも必要不可欠であることに変わりはないのだ。楽しく、適度に長く続けられる運動を身につけることは、人間の健康を保つうえでとても大切なこと。とかく運動不足になりがちな現在の子供たちが、野球と出会って生涯楽しめるスポーツを身につけることは、野球に関わるすべての人の願い。だからこそ、野球選手のUVと活性酸素対策は、子供の時代からしっかりと考える必要があるのだ。指導者自身の体のためにも。

ても、いくらでも代用がきくものだ。

対して「緑茶＋ようかん」。これだと緑茶のカテキン、タンニン類、小豆のポリフェノールと食物繊維といったスカベンジャーを一度に取ることができる。カテキン、タンニン、ポリフェノールはそうそう出会えるものではない。

同じ「飲み物＋お菓子」でも、日本と外国とではこうも違う。「コーラ＋ポテトチップス」は、せめてテレビでメジャーリーグ観戦をする時だけにしておきたい。

毎日のちょっとした選び方で、活性酸素対策はできるのだ。

お母さんがよく見ている情報番組で取り上げられている「体にいい」っていわれる食べ物の多くは、このスカベンジャーになる食べ物たち。選手たちにおける「めざせ甲子園」のように、健康番組は「めざせスカベンジャー」になっている。

活性酸素とスカベンジャー成分については、これからますますいろいろな新成分も発見されて、脚光を浴びる食材も増えるはず。お母さんからの情報（＊7）もうまく取り入れて、錆びない強い選手をめざそう！

＊7

お母さんがテレビから仕入れた情報は、「体にいい」だけで終わってしまうことが多い。これからは「体のどこにどのようにいいか」まで見逃さないように頼んでおこう。

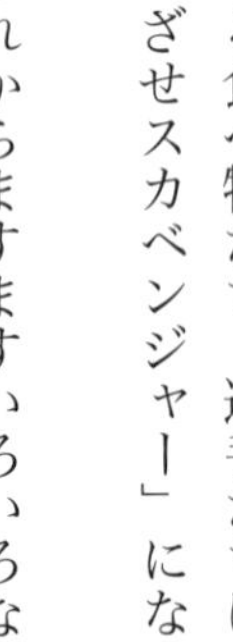

親子でチェック！
活性酸素の原因摂取を少なくするテクニック

●野菜・果物

①野菜の一番の対策は、旬のものを選ぶこと。できれば近くの畑でとれた野菜がベスト。

②色のきれいすぎるものの中には添加物などで品質を保っているものもあり。果物は基本的にノーワックスのものを。

③買ってきた野菜や果物は、流水でよく洗うこと。

④サラダやお総菜の弱点は野菜の出所が定かではないことと、調理法の見えにくさ、調理後の長時間放置。そのまま食べられる野菜や果物、栄養価の高い野菜、豆素材の缶詰や冷凍食品などを購入して補いたい。

●魚類

①魚の活性酸素発生源は有機水銀、農薬、有機スズ化合物、ダイオキシン、抗生物質など。害を防ぐための第一の対策は、野菜同様に旬のものを選ぶこと。

②これらの影響の少ない、さば、かつお、いわし、鮭、あじ、さんまなどの回遊魚を選ぶこと。回遊魚は群を作り移動するため、汚染の心配が少ない。

③旬をはずれた魚は、頭、エラ、ワタを落とし、腹の中までよく洗うこと。新鮮な魚は活性酸素発生源も少なく、丸ごと食べられ、それにより栄養価バランスが非常に優れたものが多い。新鮮な魚が手に入る地域の選手にはぜひ積極的に取り入れてほしい。

●肉類

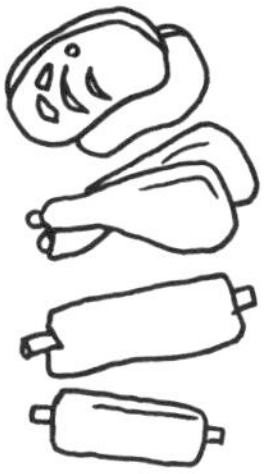

①肉類で心配なのは抗生物質、農薬、女性ホルモンなど。対策は、表示をよく見ること、発色剤を使っている極端に赤い肉は選ばないこと、塩素系農薬がたまりやすい脂身がなるべく少ない部位を選ぶこと。

②少なくとも肉と同量の野菜を食べるようにすること。焼き肉をたくさんの野菜やキムチと一緒に食べる韓国の人たちの食べ方はお手本。

●加工食品

①インスタント食品、菓子、ハム、ソーセージ、練り製品など、加工食品にはその品質を長持ちさせるためにさまざまな添加物が使われることがある。

②対策は、まず食べすぎないこと。また、食パンに添加してある臭素酸カリウムは火を通すことで減らせるのでトーストに、インスタント麺やハム、ソーセージ、練り製品は一度ゆでこぼせば添加物はかなり減らせる。

③油を使っているインスタント麺やスナック菓子は賞味期限を確かめて古いものは買わないこと。古くなるにつれ脂肪が酸化し過酸化脂質になるので、毒性が高まる。

目は口ほどにモノをいうとは本当のことなのだ。

一時期かなりの頻度で出向いていた高校が富山県にある。いろんな選手の思い出があるのだが、特に眼光の鋭い印象的な選手が2人いた。

一人は陸上部で跳躍をしていたY君。全体セミナーの時から何かいいたげな顔でこっちをじっと見つめていた。話が終わると、なんだかんだ冗談めかして寄ってきて、いろんなことを話してくる。自分の今の環境、めざしているもの、今の体調…。周りが気になるから、決して真面目なふりしては聞いてこないけど、目は真剣。あぁ、彼は相当本気で競技をやっているんだろうなって感じさせる目だ。

あとで監督に聞いたところ「彼は1年生ですが、有望な選手で取り組み方も神経質なくらい真面目。今まで栄養の話なんて聞いたことがなかったから、興味深かったと思います」とのことだった。

私のセミナーの中で、彼が一番印象に残ったのは「お母さんへの感謝」についての話だったという。それまで当たり前に何にも考えずに食べていたお母さんの作る食事が、どんなに自分のために大切なものだったかを思い知ったという。だから、彼の話には彼のお母さんのことがよく出てきた。時にはお母さんお手製の笹寿司や煮物を彼から分けてもらうこともあった。

跳躍という競技は、スタートする瞬間、自分の体と気持ちをどこまで高められるかで勝負が決まる。スタート直前に周りに手拍子を求めている選手の姿を見てもよくわかる。それを知っている彼は、ふだんから自分のコンディションを高めるためのものは積極的に利用していた。トレーニング、食事、監督、家族、そして私もそのひとつだ。

だから私が他の選手と話していることにもしっかり耳を傾けていて、必ずあとでそれについて聞いてくる。このように積極的に情報を集め、自分を追い込み高めていくことについては、確かに彼はすばらしいものを持っていた。でも、逆に情報や体調に関しては神経質すぎる面があり、それを表に出さないようにまた神経を使うため、見ていて痛々しい時もあった。そんな試練を乗りきり、3年生の時には全国大会に出場するまでの選手になった。

卒業前に後輩に一言をと頼むと「僕が一番感謝しているのは、毎日2食分の弁当を作ってくれた母ちゃんです。そんな特別なもんじゃなかったけど、どんな時でも毎日必ず作ってくれた。それを食べ続けたからこの体ができたし、全国大会にも行けた。みんなも弁当を作ってくれる母ちゃんに感謝してしっかり食べてほしいと思う」と語った。彼のお母さんが聞いていたら涙もののセリフだろう。

そして、もう一人は野球部のK君。彼の眼差しも忘れられない。彼は前出のY君とは対照的にほとんどものをいわない。質問はと聞いても、ないという。その寡黙さと風貌から大仏をイメージさせる選手だった。が、数カ月後、決して器用ではなかった体に変化が現れた。丸い感じの体がゴツゴツしてきた。体幹部がしっかりして、動きにもぶれがなくなった。

「K君、変わったね～」と声をかけると相変わらず無言だったが、ニヤっと笑った顔が大人びて見えた。

あとでお母さんから聞いてわかったことだが、彼は「これをやったほうがいい」「これだけは食べよう」といわれて自分で納得したことは、たとえ何があっても必ず実行し続けたらしい。お母さんいわく「もう、風邪をひいて熱が出て、食欲もあるわけないのに、それでも黙々と食べ続けるんです。あそこまで無理してもいいものなのでしょうか？」。「K君。食事は自分の体と相談しなきゃ。内臓だって休みたい時あるよ」というと、K君はボソッと「決めたことはやり遂げたいから」といった。強いなぁ。でももう少し余裕を持たないと長くは続かないよ。うん、でもK君は確実に進化している。

いろんなタイプはいるけれど、何かをやり遂げる選手は目に輝きがある。

かわいい子には旅をさせよ。野球選手の親の心得

お母さんからの質問

いろんな講習会で話をさせてもらうが、最後に質問をお願いしても、お母さんたちからはなかなか手が挙がらない場合が多い。中にはこれでもかっていうくらい、いろいろ質問してくれるうれしいところもあるけれど、みんなの前で話してくれるお母さんは少ない気がする。

その一方で、講習会終了後、個人的に質問をくれるお母さんはとっても多い。中には、私の話し足りなかったところを補ってくれる、ツボを押さえた質問もいっぱいあって「あ〜、みんなの前で聞いてほしかった」って思うけれど、お母さんいわく「目立つと息子に嫌がられるので」とのこと。

この個人的質問のほとんどは「かわいそうな我が息子」への心配だ。

「うちの子は食が細くて、たくさん食べられないんです。無理して食べている姿を見ると不憫で」

「好き嫌いが多いので、それらをわからないようにいろいろ工夫して料理するんですけど、すぐにバレちゃって、食べてくれなくなるんです。だから結局好きなものばかりになっちゃって」

「帰ってくるのが遅くて、朝も早くから練習で、何を出しても疲れて食べられないみたいで。工夫して食べさせようとするんですけど、疲れている姿を見るとなんだかかわいそうになって」

「お弁当を嫌がるんです。みっともないって。外で買うからお金をくれればいいって。あんなに毎日いっぱい練習しているんだから、買ったものだけじゃ足りないと思って作るんですけど、持っていかないんです」

などなど。選手にとってとてもありがたい話。もったいないくらいありがたい話だ。ここまで読んでいる選手諸君、お母さんはこんなに悩み、がんばっているんだよ。

でも、食卓であまりにもお母さんが主役になりすぎると、選手は自分で何にもしなくなる。これでは選手はいつまでも巣の中でアーンって口を開けて餌を入れてくれるのを待っているひな鳥と同じ。

そういえば、食卓では茶碗より重いものを持ったことがないっていう選手、多いんじゃないだろうか？　おかずも適当に取り分けられている。だから、ひ

な鳥と同じで、自分が食べているものをよく見ていない選手が多い。見ていないから、自分で興味がわかないから(＊1)、食欲が出ない選手が多いのだ。

野球選手として一皮むけるか？

いつだったたか、あるチームに「自分でむいて食べられる果物は？」と聞いたら、「バナナ」しか答えなかった選手が結構いた。「みかんは？」と聞くと、彼らの答えは「むいてくれたら食べる」だった。

この手の「果物はむいてあるもの」を当然と思っている選手は意外と多い(＊2)。

シドニーオリンピックの選手村でも、外国の選手は丸ごとのりんごをかじったり、大きなスイカを切ってくれるようにオーダーするのが当たり前だったけど、日本の選手でそんなことをする選手は見なかった。みんな、切られて置いてある果物を取るのがせいぜい。

野球チームが泊まったシドニーのホテルでは、同じカットフルーツでも、一口大に切ってあり、スプーンですくえるようなものはなくなり方が早いけど、皮がついているものはかなり残っていた。

高校生の間でも、「疲労回復にクエン酸がいい、だから柑橘類を食べよう」(＊3) ということはずいぶん知れわたるようになった。でも、オレンジやはっさく、グレープフルーツを丸ごと目にしても、自分でなんとかして食べようとす

＊1 例えば、スーパーやデパートの「直送フェア」で買ってきたり、旅行に行った友達からお土産としてもらった特産品や食材がある時は、「これ、おいしいよ～」って食卓に出すだけで選手の興味は違うだろう。

＊2 切り身の魚はともかく、果物まで切り身でしかつきあえなくなるのはよくない。選手にとっては、果物もサプリメント感覚になってしまう。

＊3 健康情報も、「とにかく体にいい」では選手は納得しない。飛びつく前に、そして、商品や栄養の名前をメモしながらでもスポーツ選手に有効か、うちの息子に必要かをちゃんと判断できるようにしたい。

る選手はほとんどいない。

「食べないの?」って聞くと、「むけない」って答える。あんなに毎日体を鍛えているのに、だ。「むけない」じゃない。「むこうとしていない」だけなのだ。

果物ぐらいむけなくて、野球選手として一皮むけるわけがない。

ペットや家畜じゃ戦えない

恵まれすぎた環境は工夫を生まない。緊張感もなくなる。

動物の世界で何もしないで餌をもらえるのは、赤ちゃんかペットや家畜だけだろう。赤ちゃんやペットや家畜では戦えない。

一人前になることを「自分で食う」といういい方をする。この言葉通り、食うのは自分でやらなきゃダメなのだ。

だから、選手にとって最高のサポーターであるお母さんは食事においてもそうあってほしいけれど、主役はあくまで選手。心配のあまり先回りしすぎると、選手はなかなか自立しない。

下手をすれば一生自立しないままになるのだ(＊4)。高校を卒業して、大学や社会人やプロでも野球を続けたとしたら、食の領域はほとんど、結婚した場合も含めて自分以外の人の手に委ねられたままとなる。野球をするためにはもちろん、生きるために必要なことをここまで無防備にしていいわけがない。

だから、お母さんは、選手から「よろしくお願いします」という意思表示が

＊4
味噌汁にはだしが必要だとか、何合の米を炊けばちょうどいいのかなどは、自分で作ってみないと身につかない。

あったら、胸をたたいて全面協力してあげてほしい。頼まれないうちは何もしない。うまく誘導しつつもじっと我慢。つらいかもしれないけれど。

だから、弁当を持っていかなければ、次の日からは弁当もお金も渡さない。前の日に弁当箱が出ていなければ次の日は作らない。嫌いなものでも、食べにくいものでもたまには出す。どんなものが必要なのか、選手からいってくるように促す。自分に必要な量のごはんをよそうのは選手に任せる。果物はむかないで丸ごと出すなど、かえって面倒くさいかもしれないけれど、選手の自立を促しながら、食卓に選手を巻き込む必要があるのだ。これも立派なトレーニング。そしてこのトレーニングのコーチは、お母さんにしかできないことだ。

必要な食事を自分で考え、作る調理実習

私は、指導先のチームにできる限り調理実習を取り入れている。自分に必要な食事を自分で考え、作り、食べて、実際にそのあと練習をして、自分の体がどうなのか？　を体感する実習だ。

今、高校では男子生徒も家庭科が必修になっている。でも、やらされている調理実習がほとんどのようで、自分で考えて作ることまではしたことがない選手が多い。初めて実施する時は、自分の食べたいものを、自分たちの調理技術も考えず目いっぱい作ろうとする（＊5）。そして挫折する。

ある選手は、日頃の親の苦労をちょっとだけ理解する。「卵焼きが焼けるお母

＊5
下手に気合いを入れるだけシンプルなものが少なく、油を使った揚げ物、炒め物が多くなる。同行した30代の男性スタッフが、見るだけで胸焼けがしそうだといったりするくらいだ。

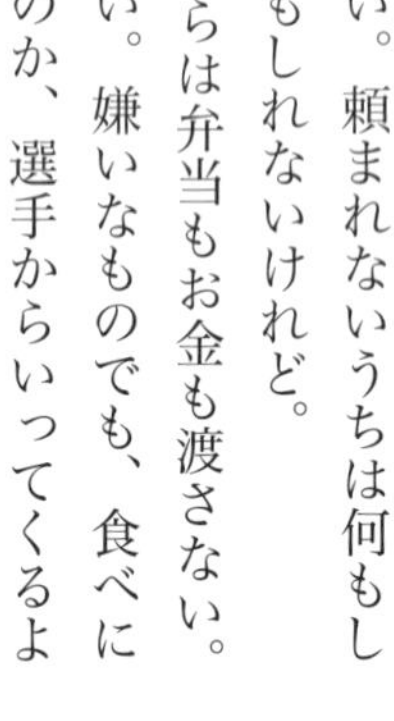

さんってすごい！」。卵焼きひとつでこれだ。

ある選手は、ゾウリのようなトンカツでカツ丼を作り、その後の練習中に気持ち悪くなり吐いた。「運動前に脂っこいものを食べすぎるとよくないってことが、初めてわかった」。当たり前のことだけど、自分の身に降りかかってみないとわからない。

これらは貴重な体験だと思う。ついつい先回りして、「あれダメ。これダメ。それ食べて」といってしまいがちだけれど、成功も失敗もとにかく体感してみることで、彼らの理解力は数段アップする。食べることを自分自身の問題とし

父母へ

「喜ばれる、困らせる差し入れ」

合宿や試合の遠征時の差し入れ。まず困るのは「生もの」。肉や刺身といったその土地の名物をもらうのはありがたいことなのだけれど、食事はすでに用意されている。試合後はいいが試合前は避けたい。また、ケーキのような生菓子もその場ですぐ食べられないと、変質が気になり困ることが多い。それならばカップ入りのゼリーやプリン、冷凍庫のあるところならばアイスクリームのほうが保存がきくのでありがたい。また、試合会場での差し入れは、その管理やゴミの処理についてまで気を配りたい。小さなクーラーボックスに氷と一緒にゼリーが入っていたり、使い捨てのおしぼりやゴミ袋が一緒に入れてあるとスムーズに食べられ、周りにもきちんとしているチームだという印象を与えられる。

指導者へ

「実習のススメ」

調理実習となると学校の協力が必要になり、できないチームも多いかもしれないが、もっと手近なところからもはじめられる。例えば、お弁当を持ち寄って、そのグラムを計ってみる。必要な量の昼食が取れているのかを確かめる「お弁当実習」だ。また、選手がよく使うコンビニに補食を買いに行って、その内容をみんなでディスカッションする「補食実習」。ごはんだけいっぱい炊いて自分でおにぎりを作り、その量を計る。一食に必要なごはんの量は自分のおにぎり何個分に相当するのかを実感する「おにぎり実習」。試合の日のスケジュールを想定して、各自朝から試合後までいつ何をどれだけ食べるかを書き出して検討する「本番対策実習」。いろんな手を使って選手の食に対する五感を刺激しよう。

て真剣に考えるようになる。

それが証拠に、次回また同じ実習をすると、いい意味で手抜きをして調理の効率がよくなり、脂っこい料理の量は減る。彼らなりの工夫が感じられるのだ。

元来、アスリートは五感に優れている。頭だけで栄養のことを考えるより、調理で体を動かし、触覚、視覚、臭覚、聴覚、味覚の五感すべてを働かせたほうが、理解が早いのは当然のことかもしれない。

一回実習をしたところで、すぐに家で台所に立つようになるとは思えないけれど、自分の食事を自分で真剣に考えるきっかけになればと思い、ずっと各チームで実施している。

炊き出しなどで、お母さんが集まって選手の食事を作る時、一度選手も参加させてみてほしい。彼らの意外な面を発見できること間違いなしだ。

調理実習も屋内トレーニングのひとつだ

材料と触れあって、初めて料理の大変さがわかる。自分の体の中に入る量と栄養素を実感できる。

なぜその食材でそういうメニューにしたかを、みんなの前できちんと発表できれば大したもの。

豚肉に野菜。食べ物の大切さを意識していれば、高校生でもこんなによく考えられた弁当が作れる。

中にはこんな弁当も。主食2種類では炭水化物が多すぎる。でもこうして弁当の意味を覚えていく。

8回裏

好き嫌いこそ最大の敵。攻略法を教えよう

好き嫌いは野球選手の体にスキを作る

　野球選手のために食事の強化をする時、最大のネックとなるのが好き嫌いだ。世の中にはいろんな食べ物がある。中には自分には合わないものがひとつやふたつあっても不思議じゃない。でも、体作りに好き嫌いはやっぱり弱点となる。体にスキを作るのだ。好き嫌いが多ければ多いほど体はスキを作りやすい。

　ある食材ひとつを嫌いなだけで、その食材を使った料理のバリエーション全体が食べられないことになる。嫌いな食材が増えるほど、その何倍、いや何十倍ものメニューが食卓にのっても食べられないことになるのだ。

　逆をいえば、何でも食べられる選手は、それだけでひとつの素質を持っていることになる。こういう選手はイザという時に強い。

野球選手の体を作るうえで、好き嫌いはどうしても見逃せない。ならばその攻略法を考えよう。

まず、自分が苦手としている食べ物を本当に食べられないものと、なんとなく食べにくいものに分けてみる。

「食べようと思えば食べられる」ものは、今日をきっかけに積極的に食べてみること。何度か食べて慣れ親しむと、その食べ物への誤解に気づくはず。そして好きになってくるはずだ。「なんとなく……」は甘え。逃げずに積極的に食べるのがコツ。

問題は、本当に嫌いなものだ。どうしても食べられないもの（＊1）。

まず、アレルギーがあるものは別。これは食べると命にも関わりかねないことだからここからは除く。ここでは食べても体は大丈夫だけど、自分の好みにどうしても合わない食べ物をどうするかについて考えてみたい。

味覚の成長を忘れていない？

思い出してほしいのは、いつからそれを食べていないか？　と、食べなくなったきっかけが何だったか？　ということ。

よくあるのが、幼い時に食べられないと決めつけて以来、口にしてないというケース。そういうものがある選手に聞くと、十数年食べていないはずなのに、その嫌な味だけは忘れられないらしく、妙にリアルにその食感を語ってくれる。

＊1
納豆がわかりやすいかもしれないが、自分は大好きなのに、それを嫌う人がいるとその人を哀れみたくなることがある。それと同じように思われるかもしれないのだ。

でも、体が成長したのと同じように、ここ数年で打力や投球術が成長したのと同じように、味覚も成長していることを忘れちゃいけない。子供の頃にはわからなかったおいしさが、今なら理解できる可能性は大なのだ。だって、赤ちゃんが食べている離乳食、今食べようとは思わないだろう。それと同じことなのだ。

それに、野菜などは味が改良されているものもある。小学校の時に嫌いだった女の子が、今になって会ってみたらすごくきれいになっているようなものだ。だから、自分の味覚の成長を信じて、嫌いだと思い込んでいた食べ物にリベンジしてみない？　きっと新しい発見があるはず。

ただし、どうせだったら、とっても素敵な再会にしたいから、作戦は必要。そのテクニックを食品別に紹介してみよう。

これに負けては試合にも勝てない！ 食品別攻略法

これだけたくさん食べ物があると、好き嫌いも千差万別。特に高校野球選手からよく聞く嫌いなものを並べてみる。

●ピーマン

今も昔も子供の嫌いなものNO・1らしいピーマン。嫌なのはその苦みらしい。だからまず、苦みのないカラーピーマン（パプリカ）あたりから食べてみる（＊2）。これらにはほとんど苦みがない。さまざまな色のものが出回ってい

＊2
カラーピーマンと、普通のピーマンの栄養価的な違いは、赤ピーマンのカロチンが突出しているが、含まれている栄養素のラインアップにそう違いはない。大きな違いは、手に入れやすさと値段。緑のピーマンは、圧倒的に安いのだ。

るけれど、特におすすめなのは黄色の肉厚なパプリカ。これはフルーツといっていいほどクセがなく、食感もいい。かじってもいいし、サラダに生で入れて食べてもいい。その次に黄色やオレンジのパプリカ、それから肉薄の赤ピーマン、そしていよいよ緑のピーマンと段階を追っていくと、違いもわかって楽しみながら食べられるようになると思う。

唐辛子もピーマンの仲間。「ピーマン＝緑で苦い」と決めてしまわずに、いろんなものを試してみて、どこまで自分の許容範囲か確かめてみるのもいい。

また、緑のピーマンを食べやすくするのは、ピザやピザトーストの上にのせて、ちょっと焦がしてチーズと一緒に食べる食べ方。ちょっと焦げると香ばしいし、チーズの油分とピーマンはよく合い、栄養価も高まる。

●にんじん

にんじん嫌いの多くが「あの独特の甘みが苦手」という。甘みを感じさせない食べ方の代表は「にんじんスティック」。お父さんに聞けばよく知っていると思うけど、生のにんじんをスティック状に切ったものをそのままボリボリかじる、あれだ。「え〜、いきなり生ぁ〜」って思うかもしれないが、にんじんは加熱するほどにあの甘さが出てくる。生が一番クセがないのだ。大人になって、このにんじんスティックを食べてからにんじんが食べられるようになった人って結構多い。一度思いきってかじってみよう。

あと、おすすめなのは、にんじんをすり下ろして、水気を切り、こしょう、

マスタードとマヨネーズで和えたものをパンにぬってサンドイッチにする。色がきれいでクセがなく食べやすい。トーストにぬってもおいしい。

●トマト（＊3）

トマトはそれぞれ嫌うポイントが違っていたりして、その攻略法も人それぞれだけど、食べられるようになった人のきっかけで多いのが、「丸かじり」。包丁でくし形に切ったトマトは食べられなかったのに、畑でもいだばかりの陽に当たってまだちょっと温かいトマトにかぶりついた時、トマトに対する概念が変わったという。あと、外国種のトマトを食べてそのおいしさを知ったという人もいる。だから、思いきっていろいろ試してみると案外おいしさに目覚めやすい食材なのかもしれない（＊4）。

●しいたけ

想像以上に嫌いな人が多いのがきのこ類。中でもしいたけ。

きのこはビタミンB群の宝庫。いろいろ新成分も発見されている注目の食べ物なのだ（＊5）。できたら食べられるようにしておきたい。

おすすめの攻略法は「炭火焼き」。できれば野外、バーベキューなどで。外の空気で、しかも炭火で焼いたしいたけを恐る恐る食べて、そのおいしさに目覚めた人が多いのだ。

実際に炭、特に備長炭にはガス火には得られない効果がある。その独特の火力がタンパク質の分解を防ぎ、遠赤外線の効果で独特のうま味のもとを作るの

＊3 トマトは品種改良が進んでいる野菜のひとつだ。大・中・小と大きさもさまざまで、味は、ほとんど果物と間違うばかりの甘みの強いものもある。嫌いになった頃のトマトの味を一回チャラにして、再チャレンジしたみたら？

＊4 トマトはソースにも使われる。パスタのソースはトマトが王道。パスタの本場イタリアでは、おばあちゃんの味というとトマトだ。

＊5 しいたけ、まいたけなど身近なものはもちろん、アガリクスなど、きのこは他で代用がきかない特別な栄養成分を持っていると注目されている。日本食にマッチするだけに積極的に食べたい。

だ。

炭火焼きのきのこは特別においしい。別物だ。苦手なのを忘れて、合宿の時など機会があったら食べてみてほしい。


と、このように、苦手だった食べ物にリベンジしてみると、発見があり、その食べ物に愛着がわくようになっているのだ。

中には「細かく刻んで、わからなくする」方法もあるけど、それは、たまたま食べちゃったってだけで、自らの克服にはなっていない。本当にそのおいし

父母へ

「酒のつまみで好き嫌い克服」

高校生に酒を飲めとはいえないが、好き嫌い克服のきっかけが酒のつまみだったという大人がかなり多い。例えば「野菜スティックでにんじんが食べられるようになった」とか、「焼鳥屋で焼いたしいたけを塩で食べたらおいしかった」、「玉ねぎにかつお節としょうゆをかけただけのものがこんなにおいしいとは」などなど、いろいろな話を耳にする。よく聞いていると、この3品のようなシンプルなものが多い。いつもと違う雰囲気と酒の力があってのことかもしれないが、たまには食事の前にこんな酒のつまみ的な定番メニューを並べてみるのもいいかもしれない。他に人気はメニュー集にも出した「手折りきゅうり味噌添え」や「川えびの唐揚げ」「山芋のたたき」「にんにくの丸揚げ」などがある。

指導者へ

「合宿は好き嫌い克服の最適の場」

強化合宿は体力だけではなく、食事も強化できる機会。悲壮感が漂う強制はどうかと思うが、「出されたものは残さず食べる」の基本は崩してほしくない。やはり、合宿や寮生活を通して好き嫌いがなくなったという選手が一番多いのだ。家にいると甘えられる食卓も、この時には試練の場。これを乗りきってこそ強くなれると選手に実感させるにはまたとないチャンスだろう。大切なのは、食卓のムード作り。食事に専念できる環境と、明るい、前向きな試練の場とするにはそれなりのフォローアップが必要。特に合宿の後半、食事にも飽き、疲れてくると食卓も暗くなりがち。そんな時には、鉄板焼きや鍋料理を取り入れて、ワイワイできる環境を作ろう。

さに気づき、目覚めたいのなら、一度は正面から挑んでみること。自分の「大人になった味覚」を信じて。

ある社会人チームの選手でなすが嫌いな選手がいた。試合の時、チームメイトから冗談半分で「おまえがなす食うたら、試合に勝てるかもしれへん」とかつがれて食べたところ、次の日、見事に勝利。で、次の試合の前にも食べることになり、また勝ち、また食べ…ついにその大会、優勝！　これ、本当の話だ。なすサマサマだ。その後、その選手がなすを好きになったかどうかまでは知らないが、彼の中に「いざとなったら、なすがある」っていうジンクスはきっと生まれたことだろう。

嫌いな、今まで食べていないものだからこそ、時にはこんな恩恵にあずかることもある。

さあ、未知なる味の世界を体感しよう。

苦手な食べ物はこう攻めよう！

ピーマン

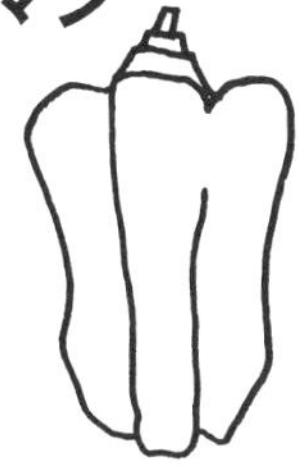

パプリカ
（カラーピーマン）

ピザトーストの
トッピング

にんじん

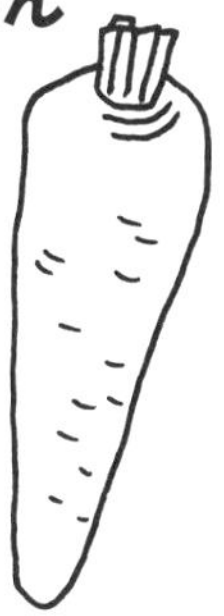

スティックサラダ
（きゅうりなどと一緒に）

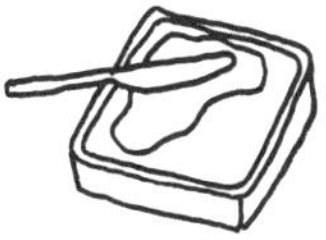

すり下ろして
パンに塗る

トマト

とれたての
丸かじり

外国産の
細長トマト

しいたけ

炭火焼き

調理実習は、自分の体と食べ物の関係を考える絶好の機会なのだ。

「うちの息子は包丁を持たせるために野球をやらせてるわけじゃない」。調理実習をするといった時、ある選手のお父さんにこういわれた。当初は親からこういう反発も結構あった。それでも続けてきた「調理実習」。その深い意味を知ってほしい。

実習は、作る料理のテーマを決めるところからはじまる。初回は「放課後練習のある日のお弁当」が多い。本文に書いた通り、昼食は持参を原則としたいのと、選手におにぎりを作らせたいからだ。そして班を作りリーダーを決め、記入シートに従って必要な食品とその料理を考える。

それまで料理なんて考えもしなかった選手がほとんど。みんなあわててお母さんに聞くらしく、あるお母さんには「おかげで息子と何カ月ぶりに話らしい話をしました」と感謝された。だからだろうか、実習当日に父母が見学に来てくれるチームが多い。

さて、書き上がったシートは私の手元に届く。これは笑える。例えば、「筑前煮」らしき料理に「つくしに」。漢字の勉強もしようね。「豚カツ」って書きながら材料に豚肉がない。メインを忘れてどうするの。見ているだけでおかしさと不安でお腹いっぱいになる。これを栄養分析し内容を確認。でも結果は当日まで伏せておく。実習では選手がいいと思ったものをそのまま作るのだ。

当日は全員エプロン着用。ごつい体にキャラクターエプロンをつけてウケを狙う選手もいる。キャプテンが終了予定時間を決定して実習スタートだ。すぐに作業を開始する選手もいれば、ぼーっとたたずむ選手もいる。どのチームの監督も「選手の新しい一面を見られておもしろい」といってくるのが、私にとってはおもしろい。

野球も料理もリズムが大事。リズムに乗れない選手はかやの外になってしまう。リズムに乗れているメンバーが多い班は手際がよく、進みが早い。リズムを作るのは各班のリーダー。だからたいていどのチームでもキャプテンのいる班は早くできあがる。

また、調理中はハプニングがいろいろ起こる。米を計量しないで洗って水加減がわからなくなったり、肉じゃがに入れるしらたきを袋の水ごと入れそうになったり…。中には、恐る恐る「これ、なあに?」と聞きたくなるものもできあがってくる。スリルとサスペンスに満ちながら、終了時間が近づいてくる。

そろそろ、おいしそうなにおいもしてきた時、選手の気持ちにふっとスキができる。さっさと仕上げれば時間内にできあがるのに、最後でぐずぐずして「残り5分」のコールに大あわて。これを私は「ツメの甘さ」と呼んでいる。これはあくまで強くなるための実習。楽しくやってほしいけど、ルールは厳守。けじめはつけなくちゃね。

そして調理終了。班ごとにできあがった料理についての解説とPR、感想を発表。「生のかぼちゃが固いのを知らなかった」とか「おすすめはこの香ばしく真っ黒に焦げたハンバーグです」など、各フレーズに食べ物と格闘したあとがうかがえる。この時、栄養分析の結果も伝える。初回の実習では肉と油が多いのが目立つ。でも2回目以降は野菜や魚が多くなる。これも実習の成果のひとつ。

そのあとは試食。監督、スタッフ、父母も試食し、今回の優勝料理を決めるため投票してもらう。中には「あ、監督、この卵焼き食べてください。おいしいでしょ? うちの子が作ったんです」という反則ぎりぎりの売り込みをかけるお母さんもいる。後片づけが終われば、投票結果の発表。何がよかったのかをみんなで検討して終了となる。

でも体の実習はこれから。食べたあとの練習で体調を確認する。脂っこいものを食べすぎれば消化に時間がかかるから気持ち悪くなる。食べる量が少なければ途中でガタッとおなかがすく。食べられる体力の確認でもあるのだ。ここまでが実習ってことも忘れないでね。

9回表

便利だけど大丈夫？コンビニの賢い活用法

コンビニは今、選手御用達の店NO・1！

その昔、選手がお昼を調達に行く店の主流は、学校のそばのおばちゃんがやってるようなパン屋やそば屋の店屋ものだった。それがスーパーマーケットになり、「ホカ弁」と呼ばれる弁当屋となり、今の主流はなんといってもコンビニエンスストア（＊1）だろう。

弁当屋のように時間待ち（＊2）はないし、スーパーのように広い店内を探し回る必要もない。コンビニに行けば食べ物に限らず、ちょっと必要なものが一緒に買える。そのうえ最近は値段も安くなってきた…となれば、学校と練習に毎日忙しい選手たちの御用達の店になるのも無理はない。

そんな便利なコンビニだからこそ、上手に使おう。自分の体によりよいもの

＊1　日本にコンビニ第1号店がオープンしたのは1971年。人間が初めて月面に降り立ったのは1969年だから、コンビニは宇宙のあとに登場した。今の高校選手は、物心ついた頃から当然のようにコンビニを使っているが、日本の食文化としての歴史はそう長くはない。

＊2　この待ち時間がないということは、それだけ店に置きっぱなしになっているということも忘れないほうがいい。

を選んで、効率のいいお小遣いの使い方をして、体作りに役立てたい。

すべてをコンビニに委ねるのは無理がある。だから賢く使う

これまで書いてきたように、野球選手、特に成長期の選手は運動量の少ない一般の大人に比べると、たくさんのエネルギーとたくさんの栄養素を必要とする。だから、スポーツをしていない友人の1人前ではもちろん、大人の1人前でも足りない。そしてその不足分の補い方を間違えると栄養のバランスを崩してしまうのだ。

例えば、コンビニで売っているお弁当ひとつでおなかいっぱいになる選手はいないと思う。その他に何を買っているだろうか？　ここがチェックポイント。

同じお金を払うにも、いかに必要な栄養素をできるだけリーズナブルにしっかり取るかを考えてコンビニに向かってほしいのだ。

いくらプライスダウンしてきたといっても、選手が必要な一食分を過不足なく揃えるとなるとかなり高価になる。

例えばおにぎり。コンビニのおにぎりは1個約１００ｇ。これを選手に必要なごはんの基準量(５００ｇ)分買うと5つ必要になる。1個１２０円として６００円。これにおかずに１００％ジュースにヨーグルトと揃えると１０００円前後。これを1カ月続けたら大変な出費になる。自分で稼いでいるならいいけど、親が一生懸命に働いて出してくれているお金だってことを忘れないように。

季節にもよるけれど、例えば、おにぎりと100%ジュースは家から持参すれば、だいぶ出費も減るし、家で作ったおにぎりはもっと大きいから（＊3）、5個も持ってくる必要はないし、ゴミも減る。家計にも環境にも優しい選択になるのだ。

だから、コンビニは足りないものを便利に調達できる名脇役としてうまく使おう。

コンビニを名脇役にするコツ

コンビニを使いこなすためのポイントは、「脂肪と砂糖の取りすぎを防ぎ、タンパク質、でんぷん、各種ビタミン、ミネラル、食物繊維が含まれているものを選択する」ことにある。具体的にアイテム別にみてみよう。

●お弁当類

多種多様な弁当が増えてきたが、選手にとってはごはんの量が少ないものがほとんど。全体量の表示があるものはそれを見て、だいたいのごはんの量を計算して、なるべくごはんの量の多いものを。

おかずは、衣の厚い揚げ物が多いのは×。同じ揚げ物でも唐揚げのような衣の薄いものを。肉の取りすぎも練習やゲーム前にはすすめられない。洋風弁当よりは一般的に和風弁当のほうが、低脂肪で食物繊維やミネラル類が取り入れやすい。副菜に煮付けや酢の物など、いわゆるおふくろの味系のおかずが入っ

＊3　自分でおにぎりを握ってみればわかると思うけど、高校生くらいの手の大きさになれば、コンビニで売っているような小さなおにぎりを握るのは難しいくらい。自分の手にさえ合わない大きさでは、やっぱり足りないのだ。

ているとありがたい。マヨネーズたっぷりのポテトサラダやウインナーソーセージは脂肪の取りすぎになりやすい。丼ものならカツ丼、天丼はこれから練習のある時には脂肪が多すぎてすすめられない。親子丼や中華丼のほうがいい。寿司類は全般的に低脂肪なので◯。

●おにぎり

主食が不足の時に。1個100g前後。具はなるべくシンプルなものがベター。梅干しはクエン酸が取れるし、鮭はタンパク質が取れる。ツナもタンパク質は取れるが脂肪も高め。マヨネーズ和えはさらに脂肪が多くなる。のりは大切なミネラル源になる。夏場に携帯する時は、たらこ、明太子などの生の具や混ぜごはんは避けよう。

●サラダ（＊4）

野菜が不足している時に。同じようなトレイに入っていても、店によって重さに差がある。マカロニやポテトなど、マヨネーズを使ったサラダは高脂肪。トマト、ブロッコリー、かいわれ大根など、色の濃いしっかりした野菜の多いサラダがビタミン補給にはベストだろう。ドレッシングは和風や中華、フレンチのセパレートタイプがおすすめ。

野菜は時間が経つとビタミンが損失する。サラダはその製造時間や野菜の鮮度を確かめ、なるべく早く食べたほうがいい。

●スパゲティー

＊4
生野菜のサラダは、レタスで量が多く見えるだけのものもあるので、見た目だけで安心しないように。筑前煮などの野菜の煮物を選んだほうがちゃんと野菜を食べられることもある。

主食が不足している時に。ソースで脂肪量が変わってくる。クリームソースやカレーソース、ミートソースは高脂肪。和風やコンソメ仕立て、トマトソースは低脂肪。具に野菜やきのこがいっぱい入っているものを選ぼう。

●パン

主食が不足している時に。見た目よりも高カロリーなのがこのグループ。サンドイッチ、菓子パンともに増量化が進んでいるので、これからますます高カロリーになるかもしれない。サンドイッチは野菜が多く、シンプルなものを。菓子パンもできるだけスタンダードなもののほうが脂肪の取りすぎを防げる。間違っても菓子パンだけで昼食をすませようとは思わないこと。

●麺類など

主食が不足している時に。練習前は中華麺より、うどんやそばのほうが消化が早くておすすめ。天ぷらやチャーシューも消化に時間がかかる。焼きそばやグラタン類も見た目以上に高脂肪なので練習前には少なめに。

●おかず

おかずの少ない時には、このような単品のおかずを取り入れるのもいい。店により種類も数量にも差があるが、野菜を使った総菜や卵、きのこ、魚を使ったおかずや酢の物、豆腐はおすすめ。揚げ物は取りすぎに注意すること。

●スナック類

中華まんは皮が低脂肪。冬の補食として利用するのもいいだろう。肉まんを

補食に取るならスタンダードな大きさのもので十分。高級そうな大型になるとかなり高カロリーになり食事に響く恐れあり。フライドポテトは消化に時間がかかるので食べるなら少量に。

●汁物

副菜が不足する時などに。最近は具だくさんなスープも増えているので、ここから野菜やきのこ、海藻を補給することができる。寒い冬に体を温め乾燥を防ぐのはもちろん、夏場、冷房で冷えがちな内臓を守り、消化を助けるためにも有効。

父母へ

「食品添加物について」

コンビニに限らず、お店で買うお弁当や調理パン、お総菜、加工食品で話題になるのが食品添加物。今の世の中、まったく食品添加物と無縁でいるというのは難しいし、食品添加物のすべてが悪いわけじゃない。例えば酸化防止剤として使われるトコフェロールはビタミンEのことだし、アスコルビン酸はビタミンCだ。ただ、避けられるものはできるだけ避けたい。どんな添加物に注意を払うべきなのか？　気になる代表はソルビン酸Kなどの保存料と、赤色○号なんていう表示の合成着色料であるタール系色素。それに調味料としてのリン酸塩、ハムなどの発色剤として使われる亜硝酸塩だろう。夏場は特に保存料の量が多くなるとか。目に見えないだけに意識したい。

指導者へ

「コンビニの技術指導」

私は仕事柄、日本全国かなりの奥地まで出張しているが、今やどこの町にもコンビニは存在しているように思う。選手の社交場にもなっているコンビニ、もう無視はできないだろう。お菓子や弁当はもちろん、サプリメントや大人向けのドリンク剤まで手に入るのだから。指導者としても「選手との関係」という視点で店内をチェックし、チームとしてどういうスタンスでコンビニと接するか？　どういう利用の仕方をするのか？　については、なるべく具体的に選手に伝える必要があるだろう。「ジュースにするのか？　牛乳にするのか？」「どのくらいの量まで食べていいのか？」など、同じお金を使うにしても、野球選手としてのコンビニ利用法のテクニックを身につけさせてほしい。

●デザート

ヨーグルト(＊5)、フルーツゼリー、プリンのシンプルな小さめのものがおすすめ。ケーキやシュークリームは生クリームの脂肪が補食には適さない。食べても小さめのものを。こちらもパン同様、大型化が進んでいるようで、特にプリン、ヨーグルト、ゼリー、シュークリームは大型化が目立つ。今回のカロリー表（次ページ）には、プリン、ヨーグルト、ゼリーは従来のサイズ(約130g)、シュークリームは大型を採用した。

今、高校生の昼食調達の主流になっているコンビニエンスストア。食事として利用するのであれば、カロリーだけではなく、他の栄養バランスが気になるところ。それぞれ、どんな栄養素が期待できるものなのかを考えて選ぶこと。また、デザートや菓子パンなどは、どうやら今までのカロリーブックにあるものよりも大型化が進んでいるようなので、食べすぎないように注意する必要がありそうだ。

野球で選球眼が必要なように、コンビニでも何が自分に合うものなのかをしっかり選ぶ目を養おう。

＊5
好みは別にして、栄養的なことだけでいうと、砂糖の入っていないプレーンのヨーグルトが一番いい。毎日でも食べたいくらい。特に、ふだん乳製品をあまり取らずに糖分の入ったスポーツドリンクをたくさん飲む選手はね。

主なコンビニ商品のカロリー値

●ごはんもの

カツ丼（約450g）……825kcal
親子丼（約400g）……520kcal
カレーライス（約450g）……630kcal
チャーハン（約300g）……540kcal
太巻き寿司（約300g）……425kcal
焼き肉弁当（約400g）……760kcal
鶏そぼろ弁当（約400g）……515kcal

●おにぎり（コンビニサイズ約100～120g）

梅干し……155kcal
鮭……175kcal
明太子……170kcal
シーチキン……185kcal
鶏五目……200kcal
高菜飯……190kcal

●サラダ

マカロニサラダ（小トレイ約100g）……220kcal
ポテトサラダ（小トレイ約100g）……230kcal
ごぼうサラダ（小トレイ約100g）……180kcal
野菜サラダ（ツナ・サウザンドレ・サラダカップ入り）……175kcal
野菜サラダ（コーン・中華ドレ・サラダカップ入り）……110kcal
野菜サラダ（わかめ・ノンオイルドレ・サラダカップ入り）……65kcal

●スパゲティー（普通盛り・トレイ入り約250～300g）

ミートソース……515kcal
明太子ソース……455kcal
ナポリタン……430kcal

●パン

ハムカツサンド（三角2個）……325kcal
たまごサンド（三角2個）……240kcal
ミックスサンド（三角3個）……340kcal
ハンバーガー（1個）……300kcal
ホットドッグ（1個）……290kcal
あんぱん（約100g1個）……270kcal
※袋入り大きめのもの
クリームパン（約100g1個）……275kcal
※袋入り大きめのもの
メロンパン（約140g1個）……500kcal
※袋入り大きめのもの

●その他

グラタン（トレイ入り・約240g）……385kcal
ソース焼きそば（トレイ入り・約300g）……560kcal
きつねうどん（丼入り・1人前）……425kcal
天ぷらそば（丼入り・1人前）……530kcal
ラーメン（しょうゆ・丼入り・1人前）……395kcal

●単品おかず

鶏の唐揚げ（小6個入り）……225kcal
コロッケ（1個）……200kcal
餃子（6個入り）……320kcal
ゆで卵（1個）……80kcal
だし巻き卵（大2切入り）……255kcal
フランクフルト（大1本）……305kcal
きんぴらごぼう（約70g入り）……95kcal
ほうれん草ごま和え（約70g入り）……70kcal

●スナック

肉まん（1個・約90g）……225kcal
あんまん（1個・約95g）……260kcal
ピザまん（1個・90g）……200kcal
フライドポテト（小1袋）……160kcal

●汁物（各1カップ）

あさりの味噌汁……35kcal
豚汁……90kcal
わかめスープ……55kcal
野菜コンソメスープ……15kcal
コーンクリームスープ……75kcal

●デザート

プリン（1個・約130g）……160kcal
ヨーグルト（1個・加糖130g）……110kcal
フルーツゼリー（1個・130g）……120kcal
レアチーズケーキ（1個・約100g）……325kcal
ショートケーキ（1個・約100g）……280kcal
シュークリーム（大1個・約100g）……285kcal
プレーンドーナツ（1個・約60g）……235kcal
アイスクリーム（カップ約100g・バニラ）……265kcal

「計算値について」

- エネルギー値の計算は、なるべく1品につき2種以上の製品の平均値、または1品データと同重量のものを仮定しての計算値の平均値から求めた。
- 数値は最小値5kcalになるように調整した。
- 食事メニューなどは各店によって重量がかなり異なる。数値はその一例の平均値。
- 今回調査・参考にしたコンビニエンスストアは、ローソン、セブンイレブン、ファミリーマート、サンエブリ。

ホントにファイト一発？ドリンク剤は今から必要なのか

コンビニで買える栄養ドリンク

小さな茶色のビンに入った栄養ドリンク剤が「医薬部外品」（＊1）の指定となり、スーパー、コンビニや駅売店でも気軽に買えるようになった。今までは薬局でしか買えなかったから、ドリンク剤1本だけを買うのが面倒だったが、コンビニなら他のものと一緒に買える。しかも、100円ちょっとの値段のものもあるから、すでに時々飲んでいるという選手も多いのではないだろうか。

これら栄養ドリンクを飲んで「元気になった」っていう選手も確かにいるけど、本当に栄養ドリンクは効くのだろうか。

ビタミンが含まれているドリンク剤は、他の栄養素の働きをスムーズにすることはあっても、疲れた体をいきなり元気にする薬ではない。「元気」なり「ス

＊1　いわゆる「薬」である医薬品に準ずるが、人間の体に対する作用が穏やかなもの。

タミナ」なりを直接補給できる飲み物ではないのだ。

ドリンク剤のコマーシャルは、どれも過剰なくらい元気になることを時に本気で、時にコミカルに表現しているので、そのイメージが頭に焼きついて、「ドリンク剤＝元気」と思い込んでしまうのも仕方ないかもしれない。

では、なぜ「効く」と感じるのか？　それはプラセボ（偽薬・効くと思わせて与える薬のような物質）効果と、栄養ドリンクに含まれる成分の覚醒効果によるものといわれている。覚醒効果とは、一時的にすっきりした気分をもたらす作用。でも、これはあくまで一時的なものであって、疲れがとれて元気になったわけではなく、あとからその分の疲れがどっとくることも多い。この覚醒効果のある成分の代表がアルコールとカフェイン。これがくせ者なのだ。

栄養ドリンクはお酒？

え、アルコール？　って思った選手もいると思うけど、現在販売されている栄養ドリンク約３００種類のうち、その４分の１にはアルコールが含まれている。コンビニで売っているものにはごく微量しか含まれないが、医薬品の栄養ドリンクの中には、アルコール濃度がビール（４％）より高いものまである。

こうなるともう、栄養ドリンクというより、お酒そのものだ。リキュールやスピリッツと呼ばれる、果実などから作られるアルコール飲料のいくつかは、もともと医療用だったという歴史からみても、栄養ドリンクがアルコールを含

むのはある意味、当然かもしれないが。

しかし、たとえどんなに微量であってもアルコールはアルコール（＊２）。未成年の選手は飲んじゃダメ。アルコールについては「アルコール０・９㎖以下」などと表示してある。必ず表示で確かめる習慣をつけよう。

カフェインはドーピング禁止薬物だ

コーヒー（＊３）・紅茶にも含まれるカフェイン。これ、実は薬物だ。中枢神経興奮剤・強心剤で、医薬品として用いられ、医薬品の栄養ドリンクでは２００㎎まで、眠気防止には４００㎎まで許可されている。コンビニで売っている栄養ドリンクには、１本あたり50㎎以下の規定付きだが、カフェイン入りの栄養ドリンクはとても多い。

朝食を取る時間がないから、とりあえず体をたたき起こすためにカフェイン入りのドリンク剤をぐいっと1本、というのも危ない。カフェインが胃酸の分泌を促し、食べ物が何も入っていない胃壁を荒らす結果となる。

オリンピックなどの国際大会はもちろん、社会人野球の全国大会でも行なわれるようになったドーピング検査では、カフェインの尿中の濃度が一定量（尿中濃度12μg／㎖以上）を超えると陽性となる。いわゆる「ドーピング検査に引っかかる」というやつだ。通常の使用量で陽性となることはないが、一度に大量に飲んだり、カフェインを含む他のものと重複すると陽性になる可能性もある。

＊２ 料理にも日本酒などアルコールの入ったものを使うが、加熱するのでアルコール分は飛んでしまい、料理には残らない。うま味やこくを与えてくれるのだ。

＊３ カップ1杯のコーヒーには、約１２０㎎のカフェインが含まれている。紅茶やお茶の2倍の量にあたる。

しかも、カフェインも中毒になる。アルコール中毒やニコチン中毒ほど致命的な結果をもたらさないので見逃されがちだが、コーヒーを飲まないとどうも落ち着かないというのは、立派なカフェイン中毒。ドリンク剤も同じことだ。もし、カフェインが、人工的に合成されて作られた医薬品であれば、処方箋がなければ手に入らないだろうとさえいわれるくらいだ。

日本は比較的カフェインに対して寛容だが、欧米ではカフェイン入りの飲料には、「CONTAINS CAFFEINE」（カフェイン入り）と明記してある場合が多い。

タウリン1000㎎ってすごいことなの？

コンビニで買えるようなドリンク剤で、一番「売り」になっているのは、タウリン配合だ（＊4）。1000㎎とか、2000㎎とかその量の多さを誇っているが、1000㎎はいうまでもなく1gのこと。単位を小さく設定して数字を多く見せているが、1円玉1枚か2枚分の重さの量の話だ。

さて、タウリンって何だろう。タウリンはアミノ酸の一種（＊5）。肉類にはあまり含まれていないが、貝類やたこ、いかに多く含まれている成分だ。タウリン自体は、体の機能を高め、抵抗力をつけるとても大切な栄養素。無視していいものでは決してない。

ただ、タウリンを単独で取って期待できるのは、血圧を正常に保ったり、肝

＊4　タウリンは、ドリンク剤の成分表にはアミノエチルスルホン酸と表記されている場合もある。

＊5　つまり、タンパク質を構成するパーツのひとつなのだ。

臓の機能を高めたり、コレステロールを減らしたりすること。いってみれば、お父さんが心配すべきことへの効果が大きいのだ。よほどのことがない限り、高校時代からタウリンの効果を意識する必要はないだろう。これは、ちょっと値段の高いドリンク剤に含まれる「人参」などの生薬と呼ばれる成分についても同じことがいえる。

それに、前記したようにタウリンは食べ物からも取れる。さざえやほたては100g食べれば1000mg以上のタウリンが取れるし(＊6)、たこやいかでもそれに近い量が含まれている。

めざすべきは、今タウリン入りのドリンクを飲むことではなく、今からきちんとした食習慣を身につけ、将来的にもタウリン入りのドリンクの世話にならない体を作ることだ。

やっぱり栄養ドリンクに頼っちゃいけない

野球選手にとってドリンク剤は、思ったほどの効果は得られないと思ったほうがいい。プロテインは、確かに筋肉の材料となるものだけど、ドリンク剤は、直接、競技力向上には役立つものではないのだ。

「なんとなくすっきりするから」と常飲している選手もやめるべき。その「効く」という感覚もだんだんマヒしてくるものだからだ。「効きにくくなった」などとまとめ飲みするなんていうのは、言語道断。カフェインの血中濃度が上が

＊6 さざえにおいては、100g食べるだけで1500mg以上のタウリンを取ることができる。さざえは毎日食べるようなものではないが、覚えておいて損はないだろう。

ってイライラや頭痛を起こすなどの副作用をもたらすことがある（＊7）。

また、ドリンク剤によっては他のドーピング禁止薬物が入っていることもある。だいたい、こうしたドリンク剤に頼ること自体、ドーピング的な考え方ともいえる。これは自分の力を信じられなくなる第一歩なのだ。

ドリンク剤の糖分

さて、ドリンク剤の糖分を考えたことがあるだろうか。栄養ドリンクには脳の働きを活性化させるために、糖分がたくさん含まれているものが多い。

＊7　薬物だから、当然、副作用がある。

父母へ

「ドリンク剤は飲み合わせに注意！」

買う時の敷居が低くなり、ますます生活に近くなったドリンク剤。最近は子供用のドリンク剤さえ登場している。本文にもあるように、選手にむやみに飲ませることは避けたい。そして、これはお父さんに対してもいえること。ちょっと疲れたからといって常飲して、高価なものしか効かない体になっていないだろうか。また、ドリンク剤と薬の飲み合わせには注意が必要だ。風邪薬や気管支拡張剤と一緒に飲むと、ドリンク剤のカフェインと、これらの薬の成分との相互作用により、頭痛を起こすことがある。また、アルコール入りのドリンク剤の場合、睡眠薬や血糖下降剤（糖尿病治療薬）と一緒に飲むと、睡眠薬の効力が強くなりすぎたり、血糖のコントロールができなくなることがある。

指導者へ

「水はダメで栄養ドリンクはOK？」

以前、ある高校野球部が夏の合宿中、一日一人平均７本の栄養ドリンクを飲んでいたという話を聞いた。なぜそんなに飲んだのか？

理由を聞くと、そのチームでは練習中に水を飲むのは控えるようにいわれ、ノドが乾いた選手は水の代わりに栄養ドリンクを飲んでいたという。中には鼻血を出す選手もいたとのこと。ここまでくるともはや悲劇だか喜劇だかわからない。今はもうこんな勘違いをしている指導者はいないと思うが、よかれと思ったドリンク剤やサプリメントに、実はドーピング禁止薬物が入っていたという話はいまだによく聞く。野球がますます国際化していく中、正しいスポーツ医科学の知識とドーピングに対する考え方を、常に指導者は学び、意識し、選手に伝えてほしい。

コンビニで売っている一般的な栄養ドリンク1本（100㎖）には3gの角砂糖約5～6個分（約14～18g）の糖分が含まれている。果汁などで味の調整をしていない分、糖分に頼るしか飲みやすくする方法がない。あの小さなビンに角砂糖5個といったら相当甘いことがわかるだろう。

ジュースと同じで糖分が多いため、練習後、疲れた時にまずこれを飲んでしまうと逆に食事が取りにくくなることもある。改めて書くが、自分ではすっきり元気になったつもりでも、それは一時的なこと。食事を取らずに疲労が回復するはずはないのだ。

選手にとってドリンク剤は、その効果よりも邪魔になることのほうが多い。まだドリンク剤なんかに頼る年齢でも体力でもないはずなのだ。ドリンク剤は未成年でも買えるが、意味としては、お酒やタバコと同じで大人になってから自己責任で判断するものだと考えたほうがいい。まずは、自分の力を信じよう。

ドリンク剤は too much!

これで間に合う

- タウリン

たこ
100g

いか
100g

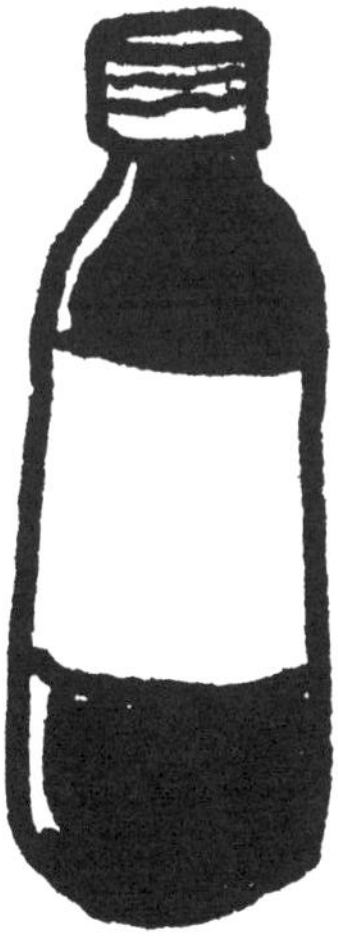

こんなにいらない

- 糖分

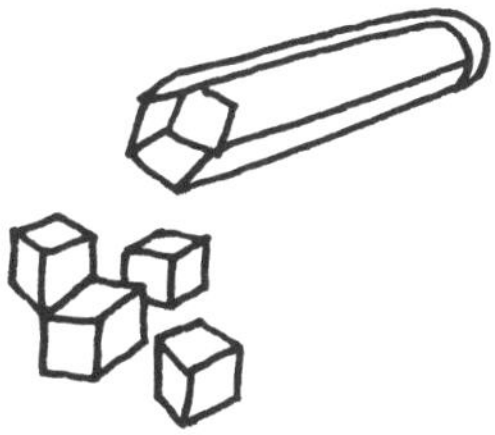

小さなビンに角砂糖5個分

- ビタミンB群

中には必要量の10倍以上
含んでいるものも

- カフェイン

コーヒー
カップ半分

全然いらない

- アルコール

選手と一緒に育った食べ物は、一番の味方になるのだ。

千葉県の海に近い高校野球部では、そのグラウンドの一部で野菜を作っている。もともとは花壇にしようと思っていたらしいが、その一部に野菜を植えたところ、想像以上の出来だったという。なす、トマト、ピーマン、ししとう、しその葉などなど。私が訪れたその夏はいろんな夏野菜が大豊作だったらしい。

とれた野菜はバーベキューなどしてみんなで食べる。売っている野菜にはない形と味にチームみんなで舌鼓を打つ。ふだんあまり得意ではない野菜がこの時には食べられる選手もいるという。みんなで育てた野菜を収穫して食べられるなんて、うらやましい限りだ。

「グラウンドは選手だけじゃなく野菜も育てちゃうんですね」というと、監督は「いや〜ほとんどの選手は、野菜に勝てないでしょう」と笑った。このくらい、この時の野菜の出来はよかったらしい。

こんな豊作の中、ひとつだけ日の目を見なかった野菜があった。パプリカ（カラーピーマン）だ。順調に育ち、いよいよこれから色づこうとしていたパプリカは、面倒見のよすぎたマネジャーにひとつ残らず収穫されてしまった。緑のピーマンに間違えられて。

「かわいそうだと思いませんか？」と、監督はマネジャーを前にわざと大きな声でいう。いわれているマネジャーは思い出して笑い転げる。パプリカには悪いけど、このネタはちゃんとできていたら、なかった収穫だ。何度聞いてもおいしい話だ。

このチームでは監督室に炊飯器が置いてある。練習後、選手たちはマネジャーの作ったおにぎりを食べる。梅干しと手作りのしその葉を混ぜたものや、地元でとれたじゃこやかつおのフレークが具になることもある。その他、野菜は味噌汁やうどんの具などの補食として登場することもあるという。地元の食材と手作り野菜で、野菜に負けない選手に成長してほしいと思う。

もうひとつ、収穫の喜びを知っている高校野球部がある。愛媛県といえば、柑橘類の宝庫。特に冬場は温州みかんの産地として有名だ。このチームの監督は、実家がみかん農園。収穫時には選手が手伝いに行くというのが年中行事だ。みかん畑は段々畑。足腰を鍛えるトレーニングとしても有効らしい。慣れない仕事に疲れを訴える選手もいるようだけど、同時に収穫の喜びもしっかり味わっているようだ。

温州みかんはここ数年、人気を回復しつつある。ベータクリプトキサンチンという、抗酸化物質が柑橘類、特に温州みかんの中に多く含まれていることがわかったからだ。温州みかんは持ち運びも便利だし、簡単にむける。冬の風邪の予防にはぴったりなのだ。

「監督、宝の山ですよ」というと、「え〜、みかんってそんなにいいんですか？ 知らなかった。あまりに当たり前で今の選手はあんまり食べないけど、食べさせたほうがいいんですね」と、こちらのほうがびっくりするような答え。「冬は一日3個はみかん食べましょうよ。特にとれたてはビタミンの損失が少ないから貴重です」というと「あ、それ、全国の選手にぜひいってください。うちの親も喜びます。でも海老さん、青森に行ったらりんごがいいっていうんでしょ」と監督はうれしそうに笑っていた。

そう、その通りなのだ。りんごにはりんごポリフェノールがたっぷりなのだ。りんごの産地の選手ならぜひりんごの収穫を手伝いに行ってほしいな。

全国すべての選手がこういう収穫を味わうことは、ましてや育てるところから関わることは難しいかもしれないけれど、もし機会があったら面倒くさがらずに参加してみよう。食べ物に対する見方が絶対変わるはずだから。もっとおいしく食べられるようになるはずだから。

延長10回表

がんばれ女子野球選手！甘い誘惑に打ち勝つ食べ方

女子選手のコンディショニング

女性の硬式野球が話題になっている。

考えてみれば、不思議な話ではないのだけれど、野球といえば「男の世界」のイメージで、女が入り込む余地などない感じが今でも強い。が、実際には女子野球の歴史は意外に古く（＊１）、現在に至るまで、さまざまな女子選手たちが健気にがんばってきた。

野球選手としては性差は関係ないのかもしれないけれど、コンディション作りは女性としての特性がある。でも、まだ野球の観点からその特性について触れている本や資料は少なく、困っている選手も多いと思う。ここでは女子野球のコンディショニングと食事について考えたい。

＊１　１９１７年に愛媛の高等女学校で野球部が創設され、１９１９年、高等女学校野球大会が開催。１９５０年には、プロ４球団により日本女子野球連盟が結成されている（その後消滅）。

女子選手の食事量

女子選手でも男子と同じ練習をこなすのであれば、食事は同等に考えたい。

でも、一般的に女子は男子に比べ骨格が小さく体重が軽い。また、女子は男子に比べ体脂肪が多く、筋肉量が少ない。筋肉をつけながらも脂肪を落とす必要がある選手が多いので、177ページの表のように、体重×50〜55kcalを総エネルギーの基準にした。

つまり、60kgの選手で3000〜3300kcal。これをモデルケースにするが、個人の体格や体質によって加減してほしい。それぞれの食品については2回表で紹介した通り。野球選手の体を作り、エネルギー源を確保するためには過不足なく食べたい。全体量は男子選手の70〜80%。巻末のメニュー集を利用する際も同じように考えよう。

女子選手の体脂肪

高校生から20歳過ぎまで、女性は一番丸くなりやすい。将来お母さんになるための大事な体作りがはじまるからだ。でも、多くのアスリートにとって、体脂肪は必要最小限に抑えたいもの。

では、女性にとって、必要最小限の体脂肪とはどのくらいなのだろう？　一般にいわれているのは体重の15〜18%。これ以下になると、女性ホルモンの分

泌などに支障をきたし、生理不順や骨密度の低下などが起こりやすくなる。一般女性（20歳）の平均的な体脂肪率は23％くらい。こう書くと、脂肪を燃焼させるため、一生懸命やせることを考える選手が多いが、体脂肪率は体中の脂肪割合。筋肉で体重を増加させれば、体脂肪率は減ることを忘れないでほしい。

ソフトボール選手と野球選手の違い

どのくらいの体重と体脂肪率を設定するかは、競技特性や個人の体格によって違ってくる。

例えば、野球とソフトボールのピッチャーを比較してみよう。野球より守備範囲や塁間が狭く、瞬発力が重視されるソフトボールのピッチャーは、そのパワーを出すための筋肉量が必要。多少脂肪がついても体重が重いほうが有利になる場合も多い。

これに比べ野球選手は守備、走塁、すべてにおいてソフトボールより走る量が多くなるので、ピッチャーでも走れる体作りが要求される。陸上で例えると、ソフトボールのピッチャーが投てき選手の要素が強いのに対し、野球のピッチャーは短距離や跳躍の選手の要素を多く必要としているのだ。

早く走るためにはどうしても脂肪は邪魔になる。ゆえに野球選手は筋肉をつけつつ、ソフトボールの選手よりも体脂肪のコントロールが必要といえるだろう。体重の20％以上の体脂肪は野球をするうえで不利になると認識しておこう。

そして、2回裏に書いた通り、筋肉が増えれば基礎代謝量が増え、脂肪がつきにくい体になれる。だから、体重ばかりを気にせず、筋肉をつけながらいかに脂肪を落とすかを考えよう。

一般に男子に比べ女子選手は筋肉がつきにくい。だからこそ、自分にあったレジスタンストレーニング（＊2）でしっかり自分を追い込んで、筋肉に刺激を与える必要がある。これはケガの予防のためにもとても大切なことなのだ。無茶なトレーニングはよくないが、男子以上に計画的に真剣に取り組もう。

甘いものの誘惑をどう断ちきるか

野球の体を作るため、体脂肪のコントロールをするうえでまず気をつけてほしいのが甘いもの。女子選手は男子以上に間食好き。それも甘食になりやすい。これは体脂肪に直結する。特に夜遅くの甘食は厳禁。中でも脂肪と砂糖が一緒になったようなもの、例えばケーキやパフェなどは脂肪になりやすい（＊3）。甘食がクセになると、体もそのつもりになっている。入ってこないとイライラするのだ。

だから、ここは大好きな野球のために心を鬼にして、一度甘い誘惑を断ちきろう。3日でいいから甘いものをやめてみる。で、それからは食べる時間と食べるものを限定する。「この時しか、これだけしかダメなのね」を決めてしまうのだ。それ以上に欲しくなったら、歯を磨いてしまうのも有効。で、自分で厳

＊2 いわゆる「筋トレ」と考えればいい。体に負荷をかけることによって筋力をアップさせるトレーニング。

＊3 脂肪と砂糖が一緒にたっぷり入った菓子パンやドーナツ、ジャンボシュークリームなども要注意。

選した間食（甘食）だけを楽しむ習慣をつけること（＊4）。
また、それをチームメイトに宣言するのも忘れないこと。きっと協力してくれるはず。また、甘食を減らすためにも、しっかり食事をすること。ごはんをむやみに減らして、ストレスから甘いものを食べるなんていうのは野球食ではない。

女子選手と生理

ほとんどの選手は、生理中とその前後は、憂鬱になるだろうと思う。なければなくて心配だし、女性の体にとってはとても大切なことだとわかっていても、おなかや腰の痛みや不快感はしんどい。こればかりは男子選手にはわからないことだ。

生理中に甘いものを欲しがる選手も多い。また、生理前から体のむくみを感じる選手や、食べすぎたわけでもないのに体重が増える選手もいる。

でも、むくむからといって、水分は控えないこと。練習中はもちろんだけど、それ以外でも、利尿作用があるお茶を温かくして飲むなど、しっかり水分を取らないと、余計に甘いものを欲しくなってしまうこともある。

生理の時、症状緩和のひとつとして人気が高いのがハーブ（＊5）。ハーブティーやハーブから採集したオイルの香りを楽しむ。男子の野球選手はなじめない人が多いようだけど、女性は気に入る場合が多い。

＊4　男子にまじってチームで活躍する女子硬式野球選手も、甘いものとのつきあい方には非常に苦労すると話してくれた。

＊5　リラックスにはカモマイルやラベンダーのハーブティーやオイル、リフレッシュにはグレープフルーツのオイル、ミントやハイビスカスのハーブティーなど。

ピュアなエッセンシャルオイルならお風呂に数滴入れたり、アロマポットで香りを楽しむのもいいし、ハーブティーはナーバスになりそうな夜に飲むのもいい。カフェインは入っていないので、安眠を妨害することもない。イライラして甘いものについ手を伸ばす前に、試してみてはどうだろう。

女子選手と貧血

生理がある女子選手は男子に比べて貧血になりやすい。特に筋肉量の少ないやせ型の女子選手に貧血が多いように思う。

父母へ

「見栄を張っては力はつかない」

高校生は食べ盛り。なのに女子選手の弁当箱の小ささに驚くことがある。聞くと、みんなが持っているより大きなお弁当は持っていきたくないという。でも、これでは野球選手が足りるわけがなく、結局、あとでコンビニに走る。コンビニに行けば、お総菜だけ買ってすむわけはなく、店を出る時にはジュースやらお菓子やらも袋に詰まっていることになる。要するに、食べる量の問題ではなく、女子特有ともいえるかわいい見栄なのだ。もし、どうしてもお弁当箱を変えたくなければそのままにして、プラスおにぎりやバナナ、チーズ、小さな容器に果物やサラダと分けて持っていく形にする。メニューだけでなく持っていき方にもひと工夫。「お弁当拡大作戦」、家庭でも推進してほしい。

指導者へ

「慎重に、でも忘れないように」

女性は生理の周期により体調が変化する。人間は本来、睡眠や体温など生体リズムに支配されているが、生理によるリズム変化は女性特有のものだ。特に高校時代は、多感な時期だけに、練習や試合などにおける体の動きだけではなく、精神的にも大きく影響する。集中力が散漫になれば思わぬケガをすることもある。よって、体重と体脂肪の他に体温、月経周期の記録は、女子選手のコンディションを知るうえで大切な資料となる。しかし、事がプライベートかつ微妙なだけに指導者が男性だと、この情報交換がうまくいかない場合もあるだろう。その際には保健や家庭科の先生やOGに協力を要請して、選手に記録をつける意味をしっかり説明し、その記録を日々のコンディショニングに役立てたい。

貧血とは、赤血球数とヘモグロビン濃度が減少した状態。中でも、失われる鉄分に対して、タンパク質や鉄分の取り方の不足が原因となる貧血を鉄欠乏性貧血という。

鉄は吸収が悪いので（＊6）、毎日の食事でしっかり取らないと足りなくなるのだ。この鉄の吸収を助けてくれるのがビタミンC。それと鉄とともにヘモグロビンの材料になるタンパク質。この3つを一緒に取ることがポイントになる。その意味で、レバニラ炒めや生カキにレモンをかけるという食べ方はとても理にかなっているといえるのだ。

鉄はカキをはじめとする貝類やレバーの他に、赤身の牛肉やまぐろ、かつお、卵黄などの動物性食品に含まれているヘム鉄と、小松菜やほうれん草、大豆などに含まれる非ヘム鉄とがある。吸収はヘム鉄のほうがいいけど、ほうれん草や小松菜にはビタミンCも含まれている。なので、これらをうまく食べ合わせるといい。さらに、貧血防止には銅・亜鉛などのミネラルやビタミンB_{12}も必要（＊7）。

女子選手は「肉よりケーキ」の傾向が強いけど、動物性食品を避けていると貧血になりやすい。食べるべきものはしっかり食べないと野球はできないのだ。甘いものに走る前に、もう一度表を見直して、野球選手として取るべきものを見直そう。がんばれ女子野球選手！

＊6 食べたものに含まれている鉄のうち10～15％しか小腸から吸収されない。だから、栄養成分表の数値だけで安心してはいけない。

＊7 これらの栄養素は、動物性の鉄を含む食品に一緒に含まれていることが多い。

高校女子野球選手の一日に取りたい食品とその分量の目安

16歳・女子(160cm、55kgを平均として)

主な栄養的役割	食品名	練習のない日 2000kcal	練習のある日 (4時間練習) 3200kcal
エネルギー源になる食品	ごはん	750g(中茶碗5杯)	1050g(中茶碗7杯)
	砂　糖	大さじ2	大さじ3
	油　脂	大さじ2弱	大さじ3弱
体の材料になる食品	牛　乳	2本(400cc)	3本(600cc)
	卵	1個	1.5個
	魚	小1切れ(60～70g)	中1切れ(80～90g)
	肉	80g	100g
	大豆製品	豆腐(木綿)1/3丁、納豆小1パック	豆腐1/2丁、納豆中1パック
体の調子を整える食品	緑黄色野菜	100g	150g
	淡色野菜、きのこ、海藻	200g	200g
	芋　類	80g	80g
	果　物	150g	200g

目安量

●緑黄色野菜
ほうれん草1束＝200g、にんじん1本＝150g

●淡色野菜
キャベツ2枚＝100g、玉ねぎ1個＝200g

●芋類
じゃが芋小1個＝100g、さつま芋1本＝200g

●果物
りんご1個＝200g、みかん1個＝70g、バナナ1本＝100g

上記の食品と代替えできる食品例

ごはん中茶碗1杯(150g)	➡	トースト1.5枚(6枚切り)、スパゲティー150g、ゆでそば・うどん各0.8玉、餅2～3切れ
牛乳1本	➡	プレーンヨーグルト200g、スライスチーズ2枚
魚小1切れ(鮭)	➡	ししゃも2尾(45g)、いか1/2杯、あじ1尾(60g)
肉100g豚赤身	➡	牛ヒレ肉110g、鶏もも皮付き肉80g、ロースハム5枚、ウインナーソーセージ6本
木綿豆腐1/2	➡	絹ごし豆腐2/3丁、納豆1パック、味噌大さじ3.5、油揚げ1枚

努力を煙と消えさせてはいけない。野球選手とタバコの関係

国際的禁煙時代

オリンピック会場は禁煙だ。国によっては屋根付きのレストランはすべて禁煙というところもある。国際的に禁煙が進む時代になってきた。

その流れに沿って、日本でもタバコを吸う人は年々減少してきている(＊1)。街でも吸える場所はかなり限られて、分煙化が進んできた。飛行機も国内線はほぼすべて禁煙。電車も禁煙車両が増えている。逆にタバコを吸う人にとっては、とても肩身の狭い時代になった。喫煙する場所が限られるから、その中のタバコの煙の濃度はかなりのものになっている。

なぜ、タバコがここまでいけないといわれるようになったのか？「百害あって一利なし」の言葉で代表されるように、その煙の害が明らかになってきたか

＊1 青年男性の喫煙率は、1971年は77％にものぼっていたが、最近の調査では50％を切るレベルにまで落ちてきている。

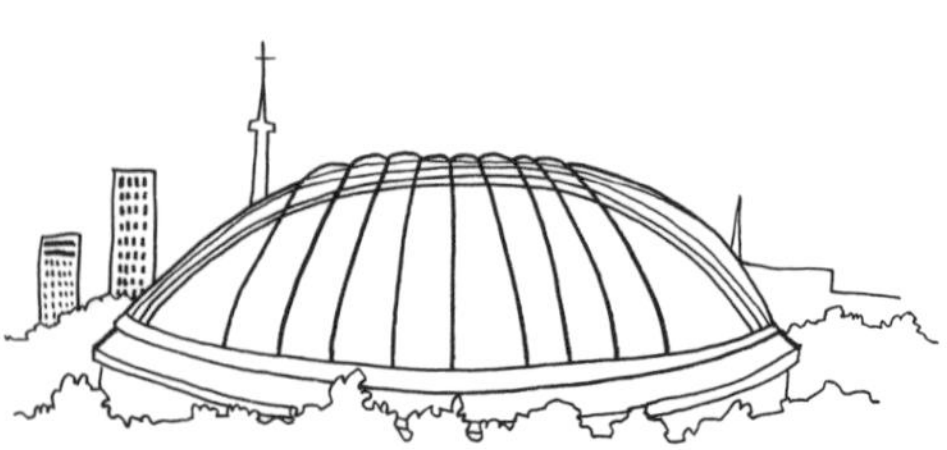

らだろう。

アスリートとタバコの煙

中でもアスリートにとって一番問題になるのはスタミナとの関係。タバコの煙は、タバコの不完全燃焼によって生まれる。その時に発生するのが一酸化炭素。火事で死亡する人の多くは、この一酸化炭素中毒だ。

体に入った一酸化炭素は、本来は酸素を全身に運ぶ役割の血色素（ヘモグロビン）と、酸素より200倍も強い力で結びついてしまう。だから酸素が全身に運ばれにくくなるのだ。この一酸化炭素の量が多いと、酸欠で絶命ということになってしまうけれど、タバコによって吸い込む量では死ぬことはない。

でも、全身をフル活動させるアスリートにとって、その体の燃料を燃やすための酸素が取り入れにくくなることが、どれだけマイナスになるかはそれこそ火を見るよりも明らかなのだ。おまけに、喫煙は、7回裏で説明した恐ろしい活性酸素を大量発生させる要因にもなる。

野球選手とタバコ

このように、タバコはアスリートにとっては絶対に避けるべきものなのだ。しかし、残念ながら野球選手の喫煙率は高い。最近はこのマイナス要素について気がつきはじめている選手が増えてきてはいるけれど、それでも他の競技選

手に比べたらまだまだ高い。

よく他の競技選手から「野球はゲーム中にベンチに座っていられるし、タバコを吸っててもできる楽なスポーツだから」と皮肉まじりにいわれることがある。

ちょっと待ってほしい。とんでもない話だ。確かに野球は試合中にベンチで座れる。サッカーのようにゲーム中にずっと広いグラウンドを走り回らなければならないことはない。タバコを吸おうと思えばベンチ裏で吸う時間もある（＊2）。ゲーム中の消費エネルギーは投手以外、効率的な動きができる選手であればあるほど、そんなに多くはないかもしれない。

でも、その効率的な動きができるようになるまでの練習量、体を作るまでのトレーニング量は並大抵なものではないはずだ。でなかったら、毎日毎日、他の部活が帰っても日が暮れるまで練習し、家に帰ってもバットを振って、眠い目をこすって朝練なんてする必要ないのだ。

もう体ができあがった、技術の優れた選手ならともかく、これから体を作り、技術の向上をめざしている野球選手は「野球はタバコを吸ってもできる競技」なんてこと、口が裂けてもいえないはずなのだ（＊3）。

タバコとコンディションの関係

プロでも高校生でも、野球選手にとって年間のコンディションを維持するこ

＊2 ちなみにプロ野球12球団の本拠地球場11球場のうち8球場はスタンド全面禁煙。高校野球のメッカ、甲子園球場も全面禁煙になる予定（2001年現在）。

＊3 国立公衆衛生院の全国調査によると、月に1回以上喫煙する高校3年男子は36・9％、そのうち毎日喫煙するのは25・4％にもなる。未成年者の喫煙は、高校生から飛躍的に増える結果も出ている。

とは基本中の基本。中でも風邪やケガについては万全の注意が必要だ。タバコはこの2つに対してスキを作ってしまうのだ。

タバコは、ノドや鼻の穴のゼンモウ運動を弱らせる。そのため体内にウイルスが入りやすくなるのだ。タバコを吸いながら咳き込んでいるオジサンを見たことがないだろうか？　喫煙者は風邪をひきやすい。また、タバコは風邪やケガの予防と回復に欠かせないビタミンCを破壊する。ケガからの回復にと一生懸命ビタミンCを取っても、タバコを吸っていたらそっちに浪費されてしまうのだ。

さらに、血液が酸欠になるのもプラスして、ケガの他にも、かぶれ、内出血、マメの治りに影響することも覚えておきたい。

プロテインとタバコの関係

このようにタバコを吸うことは、体の各部に対して想像以上のリスクを負わせることになる。これに対抗するために、体は材料の補充が必要になる。この材料とは、そう、タンパク質（プロテイン）だ。

いくら筋肉を作るためにと一生懸命プロテインパウダーを牛乳に溶かして飲んでいても、一方でタバコを吸ってプロテインの無駄遣いをしていたら、とっても効率が悪いのだ。

また、禁煙したら太る人が多いことをみてもわかるように、タバコは食欲を

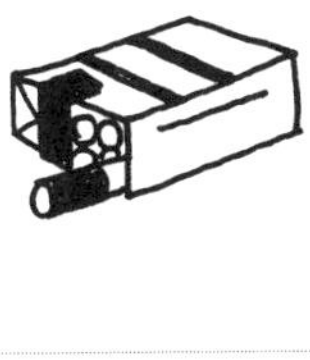

減退させてしまう（＊4）。

まだ自分の体が発展途中だと信じてトレーニングをしているのなら、タバコは絶対に吸っちゃダメだ。真面目、不真面目の問題じゃない。野球をする体を作るためなのだ。

「なんとなく」はじめたのに、「なんとなく」はやめられない

タバコが体にいいと思って吸っている人はまずいない。じゃあ、なんで吸うのかといえば、多くの人は「やめられないから吸っている」と答える。

なぜやめられないのか？　これがニコチン中毒の症状なのだ。一度ニコチン中毒になってしまうと、ほとんどの場合、治療しなければやめられなくなってしまう（＊5）。やめることが簡単ならば、禁煙に関する本がベストセラーになることはないのだ。

これだけ世界中が禁煙傾向にある中、やめたいと思っている人はとても多いけど、どうしてもやめられない、っていう人がとっても多いのだ。「なんとなく」吸いはじめた人がほとんどなのに、「なんとなく」はやめられないのがタバコ。こんな面倒くさいことに関わりたくなかったら、どんな誘惑があろうとも手を出さないほうがいい。

＊4　これは1回表に書いた「食べる体力」以前の問題だ。

＊5　やめられなくなるというのがタバコの怖いところ。遊びや興味本位で吸った1本が、人生を決めてしまうかもしれないのだ。

本人だけが気づかないタバコのにおいとヤニ

野球の体作りとは少し離れても、タバコにはいろんなリスクが待っている。

タバコのにおいは吸っている人にはわからないけれど、タバコを吸わない人や吸っていたんだけどやめた人たちにはすぐわかる。どんなに換気のいいところで、たった1本吸ったとしてもすぐわかる。隠せるものじゃないのだ。そしてずーっとタバコを吸っている人には自分が想像している以上にニオイが染みついている。

父母へ

「受動喫煙の害」

タバコの煙は、吸い口から吸う「主流煙」と、タバコの先端から出る「副流煙」に大別される。タール、アンモニア、一酸化炭素などのタバコの有害成分はこの副流煙のほうが圧倒的に多いのは周知の通り。環境汚染が心配され、住居の気密度が高まる現在、家の中での喫煙には昔以上に配慮が必要になる。換気はもちろん、吸う場所の限定、空気清浄も視野に入れたい。親の喫煙が子供の体に影響を及ぼすというデータも出ている今、肩身の狭い「ホタル族」はますます増えそうだが致し方ないだろう。また、分煙化が進んでいる中、喫煙車両、喫煙ルーム、ホームの喫煙所の煙の濃度はどんどん高まっている。家で一人が喫煙する比ではない。たとえ自分が吸うにしても、子供は別の場所に隔離しよう。

指導者へ

「ユニフォームとタバコ」

ある選手が私に「僕たちにとってタバコは野球道具のひとつのように身近なんだ」といった。「小学生の頃から監督がユニフォームで、缶コーヒー片手にタバコを吸う姿をずっと見てきた。バットやグラブの延長にタバコがあっても何の違和感も感じなかった。だから自分もごく自然にタバコを吸うようになった」。屁理屈だと思う。確かに、ユニフォーム姿でタバコを吸っている監督をよく見かける。選手以上にストレスがかかる立場なのはよくわかる。禁煙もそう簡単にできないことも理解する。でも、やっぱり「ユニフォームとタバコ」は違和感があるべきものだ。自分のために禁煙しろとはいわないが、これからの選手のため、グラウンドで、特にユニフォーム姿での喫煙は考え直してもらいたい。

次にヤニ。吸いがらを見ると、タバコの紙フィルターが茶色になっているのがわかるだろう。タバコを吸うということは、自分の体がそのフィルターの延長になるということ。特に、歯。タバコを吸っている人の歯は黄ばみやすい。さらに吸い続けていると、汗にもヤニが出てきて黄色い汗をかくことになる。

さらに煙。煙の中にはアンモニアが含まれているが（＊6）、このアンモニアの刺激で目はしょぼしょぼ、充血…。タバコは体の内側だけじゃなくて外見に対しても、かなりリスクが高いことを忘れちゃいけない。

本来、この本においてはタバコの害について「将来のために」という前提で書くべき話だ。しかし、脚注3にも書いたように高校生の喫煙はきれいごとではすまない状況にある。喫煙する友人を持つ高校3年男子の喫煙率は、喫煙する友人がいない場合と比べて13倍も高くなるという調査結果もある（＊7）。

喫煙は、中毒だ。一度でもはまると、そこから逃れるのは容易なことではない。アスリートだから吸わないというレベルの考え方ではなく、人間としてどう判断するかが大切になる。ただ、選手には他の友人たちと比べて大きな支えがある。アスリートとしてのプライドだ。これさえしっかり持っていれば、決して誘惑に負けるようなことはないだろう。

＊6 刺激臭を持つアンモニアは、主流煙（吸い込む煙）に比べ、副流煙（点火部からの煙）には46倍も多く含まれている。

＊7 「父母へ」にも書いたが、喫煙する友人のタバコの煙を吸うだけでも体へは無視できない影響がある。酷ないい方になるが、タバコを吸っている限りその友人とはつきあい方を考えたほうがいい。自分までもが「ちょっと試しに1本」となる前に。

吸い込むのは
ただの煙じゃない!

●副流煙(アルカリ性)

- ニコチン
- タール
- アンモニア
- 一酸化炭素

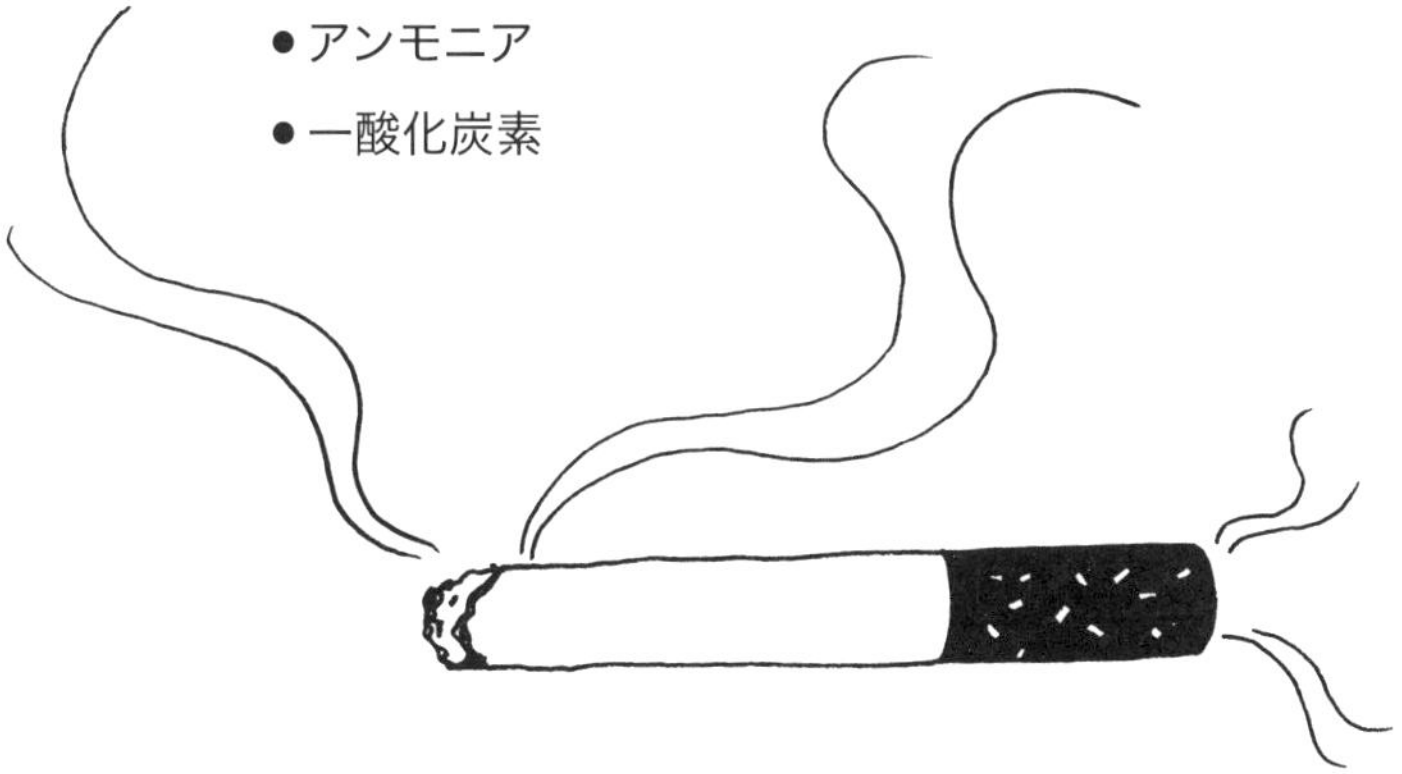

●主流煙(酸性)

- ニコチン
- タール
- 一酸化炭素

●他人の煙も危ない!!

含まれている有害物質は、
副流煙のほうが何十倍も
多いものも

女子マネパワーで、チームは強くなるのだ。

全国の高校野球部にはいろんな女子マネジャーがいる。各チームに特色があるように、女子マネジャーにもそれぞれチームによって特徴があるのがおもしろい。

全体的には選手の陰に隠れるようなおとなしい感じのマネジャーが多いけど、愛媛県にあるこのチームの歴代マネジャーたちは、みんな元気はつらつ。はじけてる。私に対しても、いつも親愛と好奇心丸出しで接してくれる。

これも監督の教育のたまものだろうが、いつもニッコニコの笑顔なのだ。彼女たちからの質問の中には「おいおい、そんなことまで聞くか？」なんていうのもあるけど、そのかわいらしさに思わずこちらも笑顔になってしまう。

中でも特に強烈な印象を残してくれたのがIちゃん。彼女は私がこのチームに初めて出向いた時の女子マネジャーだ。その堂々とした態度と体格から、最初は先生だとばかり思っていた。

だから「遠くから来ていただいて、本当にありがとうございます〜」と挨拶された時も、「いえ、はじめまして。よろしくお願いいたします。先生でいらっしゃいますか？」と答えてしまった。すると間髪入れず「やだぁ〜！　マネジャーですよぉ〜」と、腕をたたかれ、さらに「あ、今、走っていった選手いますよね、そう、あの背の高いの。あれ、うちのダンナです〜。よろしく〜」なんていってくるので、つい「え？　結婚してるの？」と真面目に答えたら、「そ〜んなわけないじゃないですか、カレシです、カ・レ・シ」と、してやったりって笑顔で返されてしまった。完全にIちゃんペース。

選手とつきあっているマネジャーは他にもいると思うけど、普通、自分から、しかも初めて会った人にここまで教えてくれるマネジャーはいない。このIちゃんのペースに巻き込まれると、なんだかこっちまでうれしくなってしまうのだ。

でも、Iちゃんは浮かれてばかりいるわけじゃない。彼女のすごいところは、こんなことをいっていながら決して「ダンナ」だけ気にしているのではないところ。ひとつ高いところからチーム全体を見ている感じなのだ。だから監督も、Iちゃんには一目置いていた。彼女の家が下宿屋で、何人かの選手を預かっている（残念ながらその中に「ダンナ」はいなかったらしいが）のも影響していたと思うけど、選手たちのお姉さん、あるいはお母さんのような存在に見えた。彼女から選手の食事の現状を教えてもらうことも多かったが、その分析はとても冷静かつ的確で、よく見ているなと感心した。

その年の夏、このチームは惜しくも甲子園を逃し、Iちゃんも後輩に引き継ぎをして部を引退。「卒業したらどうするの？」と聞くと「スポーツの専門学校に行きたいと思ってるんやけど、あとはダンナ次第かなぁ〜」なんて自然にいってくるもんだから、またつい「え、結婚するの？」っていった瞬間、ニヤッと笑って「そ〜んなわけないじゃないですか〜、やだな、海老さんったら！」…またもやられてしまった。

「でもね、ダンナの行くところに合わせて専門学校選びたいなって思っているんです。あっち（ダンナ）はそうでもないみたいなんですけどね〜」

結局、Iちゃんと「ダンナ」はその後つきあいをやめたらしく、Iちゃんは大阪の専門学校に入った。もともと水泳が得意だった彼女はスイミングとフィットネスのインストラクターの資格をとり、地元に帰ってフィットネスクラブに就職。同時に母校の水泳部に鬼コーチとして返り咲いた。

久しぶりに会ったIちゃんは、変わらずパワフルだった。聞けば「ダンナ」を含めその代の選手たちとは今もいいつきあいをしているという。監督いわく「結局、あいつ（ダンナ）はIの手のひらの上です」とのこと。今後の動向もとっても気になるIちゃんなのだ。

一年間でもっと強く！

ピリオダイゼーションを意識した「野球食」プログラム例

ピリオダイゼーションとは、期別コンディショニングのこと。一日の練習と同じく、1年間のコンディショニングにも、リズムと目的意識が大切だ。高校の3年間は短い。有意義に過ごそう。

4月〜5月

■準備期（新入生入部）〜試合期（春季大会）

Point

新入部員とその父母を含めて「基本的な食事の話」

Pick-up

食べる体力（1回表）
水分補給（3回表）
朝ごはんの徹底（4回表）
最低限食べるべき量の把握（2回表）
父母の心得（8回表）

6月〜7月

■調整期（練習試合）〜試合期（夏の予選）

Point

試合に向けて選手への徹底・父母への協力

Pick-up

栄養補助食品の考え方（1回裏）
市販飲料（3回裏）
栄養ドリンク（9回裏）
コンビニの利用法（9回表）
試合の日の食事（5回裏、6回表）
遠征時の食事の注意（4回裏）
夏ばて対策（3回表、6回裏）

8月〜9月

■試合期(甲子園〜新人戦)

Point①
甲子園出場組の強化

Pick-up
イザという時の食べ方、遠征時の注意
(6回裏、4回裏、5回裏)

Point②
新チーム結成組の基本の見直し

Pick-up
食べる体力(1回表)
水分補給(3回表)
朝ごはんの徹底(4回表)
最低限食べるべき量の把握(2回表)
活性酸素対策(7回裏)

Point③
3年生の引退後の食事の仕方
(野球を続ける選手、続けない選手それぞれに)

Pick-up
タバコの話(10回裏)
運動量に合わせた食事量の見直し(2回表)

10月〜11月

■試合期(秋季大会)〜強化期(練習試合)

Point
体力強化と試合に向けての食べ方

Pick-up
朝ごはんの徹底(4回表)
お弁当持参の徹底(5回表)
補食の取り方(5回裏)

12月〜1月

■トレーニング期(年末年始休暇)

Point
トレーニング効果を高めるための個別対策

Pick-up
個人栄養分析(2回表)
筋力アップのための食事法(1回裏、2回表、8回裏)
脂肪燃焼のための食事法(2回裏、7回表)
年末年始の過ごし方(2回表、3回裏、5回裏)

2月〜3月

■トレーニング期〜移行期(練習試合)

Point
実習を通して栄養プログラムの効果測定

Pick-up
調理実習(2回表、5回表)
コンビニ実習(3回裏、5回裏、9回表、9回裏)
伝統食の試食実習(7回表)
この冬のトレーニング効果と食事の関係を個別にチェック(2回表)

おいしい味方だ！

ポジション別　注目の栄養素

ポジションは与えられた役割だ。それぞれに強化するポイントがある。
これだけを食べればいいのではないが、
スランプに陥った時のラッキーフードとして意識しておこう。

●右翼手
キーワード：強肩
味方の栄養素：コラーゲン
味方の食材：手羽先

●一塁手
キーワード：柔軟性
味方の栄養素：クエン酸
味方の食材：みかん

●リリーフ投手
キーワード：強気
味方の栄養素：鉄
味方の食材：豚レバー

●一塁コーチ
キーワード：冷静さ
味方の栄養素：カルシウム＋マグネシウム
味方の食材：ほうれん草

●スコアラー
キーワード：几帳面さ
味方の栄養素：パントテン酸
味方の食材：納豆

●ピンチヒッター
キーワード：集中力
味方の栄養素：ビタミンB_1
味方の食材：豚ヒレ肉

●中堅手
キーワード：打球を追う目
味方の栄養素：ベータカロチン
味方の食材：にんじん

●左翼手
キーワード：総合力
味方の栄養素：乳酸菌
味方の食材：ヨーグルト

●二塁手
キーワード：軽快さ
味方の栄養素：ビタミンB群
味方の食材：さば

●遊撃手
キーワード：瞬発力
味方の栄養素：タンパク質
味方の食材：卵

●三塁手
キーワード：強い体
味方の栄養素：亜鉛
味方の食材：カキ

●先発投手
キーワード：スタミナ
味方の栄養素：ビタミンE
味方の食材：かぼちゃ

●三塁コーチ
キーワード：判断力
味方の栄養素：ビタミンC
味方の食材：ブロッコリー

●捕手
キーワード：インサイドワーク
味方の栄養素：DHA
味方の食材：ぶり

野球食

メニュー&レシピ集

MENU & RECIPE FOR BASEBALL PLAYERS

「野球食メニュー＆レシピ集」を利用する前に

■この本の材料は、すべて1人分です。
この量は下記にあるような、高校野球選手がしっかり食べる時の1人分を想定してあり、一般の人の1.5〜2倍量になっています。家族分を作る時には、そこを考慮して用意してください。また調味料は、作る量により加熱による水分蒸発量などが異なるので、若干加減してください。

■1日のエネルギー量は4500kcal（授業＋4時間の練習に必要な量）です。
下記のような栄養素量を基準として献立を作りました。ただし、おいしく楽しい栄養補給を優先しているため、献立により多少の誤差があります。
＊1日の基準となる必要栄養成分値＊
エネルギー…4500kcal、タンパク質…180g、脂質…135g、炭水化物…610g、カルシウム…1600mg、マグネシウム…800mg、リン…2800mg、鉄…20.0mg、亜鉛…22mg、ビタミンA…2311μgRE、ビタミンD…13μg、ビタミンE…20mg、ビタミンB_1…2.4mg、ビタミンB_2…3.2mg、葉酸…727μg、ビタミンC…250mg、食物繊維…32g
＊一食分の基準となる必要栄養成分値＊
エネルギー…1500kcal、タンパク質…60g、脂質…45g、炭水化物…204g、カルシウム…534mg、マグネシウム…267mg、リン…934mg、鉄…6.7mg、亜鉛…7.3mg、ビタミンA…770μgRE、ビタミンD…4.3μg、ビタミンE…6.7mg、ビタミンB_1…0.8mg、ビタミンB_2…1.07mg、葉酸…242μg、ビタミンC…83mg、食物繊維…10.7g

■料理の材料としての食品はこだわりのあるもの以外、中程度の大きさが基準です。また使用した計量器具は、すりきりで小さじ1（小1と表記）＝5cc、大さじ1（大1と表記）＝15cc、カップ1＝200ccです。

■この本で出てくる電子レンジ加熱は500Wのものを基準としています。600Wの電子レンジを使う場合は、加熱時間を8割に短縮してください。

■ここでは、本文で紹介した食品添加物対策のための下ごしらえについては割愛してあります。湯通し、ゆでこぼしなど、食品に合わせて必要に応じて取り入れてください。

選手の生活に合わせたすぐに使える実用メニュー集

MENU FOR BASEBALL PLAYERS

補食や夜食を入れると1日3食では間に合わない選手の食事。ただ手を替え品を替えで作っていては、作り手が飽きてしまう。大切なのは、時々の状況に応じてプランを立てること。朝練はあるのか、試合当日なのか、疲れ気味なのか。意味のあるメニューであれば、選手も納得して平らげるだろう。得意メニューとローテーションを組んで「野球食」の食卓を。

朝

選手が自分で作る朝ごはん

まな板、包丁を使わなくても、やろうと思えばこれだけしっかりした朝ごはんが作れます。グラタン皿にのせるものは、鮭や鶏のささみでもOK。選手に少しずつ教えて自分でも作れるという自信を持たせましょう。

■じゃこ納豆ごはん

ごはん…500g、納豆…80g、ごま…10g、ねぎ細切り、ちりめんじゃこ…10g、しその葉…3枚、ポン酢…少々

■落とし卵の味噌汁（大椀）

前の日の味噌汁、卵…1個、カットわかめ…適量

■魚と野菜のオーブントースター焼き

ししゃも… 3尾、ししとう… 3本、しめじ… 30g、プチトマト…2個、ちくわ…1本、オリーブオイル・塩・ブラックペッパー…適量

作り方

①グラタン皿に材料を並べ、塩、こしょう、オリーブオイルをかけ、オーブントースターに入れ7～10分ほど焼く。

②好みでしょうゆをたらす。

■手折りきゅうり味噌添え

きゅうり…1本、味噌…適量

■抹茶ミルク（大グラス）

牛乳…200cc、抹茶…小1、はちみつ（好みで）

■箸休め

梅干し…1個、キムチ…10g、なめたけ…10g

朝

朝練のある日の朝ごはん

朝練のある日のコツは家と学校、2回に分けて取ること。具だくさんのスープにパスタを入れて、この一皿で十分栄養補給できるスープをメインにしました。サンドイッチはおにぎりに代えることもできます。

■パスタ入り野菜スープ

キャベツ…50g、ベーコン…20g、じゃが芋…30g、かぼちゃ…30g、ピーマン…30g、にんじん…20g、コーン(冷凍)…30g、オリーブオイル…大½、塩・こしょう…少々、ホールトマト缶…¼缶、ショートパスタ… 100g、コンソメ…½個、粉チーズ…適量

作り方

①材料は1cm角くらいの大きさに揃え、オリーブオイルでよく炒める。

②ホールトマト缶を入れさらに炒め、かぶるくらいの水とコンソメを入れ煮込み、塩、こしょうで味を整える。

③別鍋で固めにパスタをゆで、②の鍋に入れ混ぜ火を止める。

■野菜パン…2切れ（60g）

■ミックスジュース

オレンジジュース… 150cc、グレープフルーツジュース…150cc、氷・水…適量

学校で食べる分

野菜パンのサンドイッチ、牛乳、フルーツゼリー(カップ入り)

■野菜パンのサンドイッチ

野菜パン（ほうれん草、にんじんなど）… 4切れ（120g）、バター…20g、マヨネーズ…10g、こしょう…少々、マスタード…適量、ツナ缶…30g、レタス…20g、トマト…30g、チーズ…20g、ハム…20g、きゅうり…20g

朝

試合の日の朝ごはん

試合に備えて、腹持ちのいい炭水化物＋ビタミンB_1、クエン酸をしっかり取ること。おにぎりは強化米とごまでビタミンB_1を補強してあります。夏、暑くて食べにくいようなら、冷やしうどんでもよいでしょう。

■梅しそ力うどん

うどん…1.5玉、梅干し…1個、しその葉…3枚、カットわかめ…1g、餅…1個、ゆで卵…1個、麩…1〜2切れ、うどんだし・七味唐辛子…適量

作り方

①梅干しは種を除いて包丁でたたく。しそは千切りにし、餅は焼く。ゆで卵は半分に切る。

②ゆでたうどんの上に①の具、わかめ、麩を並べ、温めただしをかける。

■じゃこ菜飯のプチ俵にぎり

強化米入りごはん…200g、高菜漬け物みじん切り…適量、ちりめんじゃこ…5g、白ごま…5g、のり…½枚

■オレンジ…1個分

■カフェオレ（ホット）

朝

いつもの朝ごはんに飽きた時に

お好み焼きは野菜がいっぱい取れる一品。具に餅やうどん、中華そばを入れるとエネルギーアップ。どうしても炭酸飲料が飲みたい時は、ぜひ手作りで。添加物の心配がなく、市販のものより糖分を抑えることができます。

■餅入りお好み焼き（特大1枚）

小麦粉…100g、キャベツ…1/6玉、青ねぎ…40g、豚肉…60g、いか…40g、たこ…40g、えび…40g、卵…2個、調味料A｛だし…220cc、しょうゆ・塩…少々｝、餅…3枚、油…適量、しその葉…6枚、干しえび…4g、あげ玉・紅しょうが・かつお節…適量、お好み焼きソース、七味唐辛子

作り方

①キャベツと紅しょうがはみじん切り、青ねぎは小口切り、いかとたこはそぎ切り、えびは背ワタをとり2～3等分に切る。餅は半分の厚さに切り2等分にする。干しえびは水でもどす。

②調味料Aをボウルに入れ、小麦粉を少しずつ加え、泡立て器でとかし込む。

③粉がとけたら卵を入れ、なめらかになったらキャベツを加え、さっくり混ぜ合わせる。

④ホットプレートを200℃に熱し、油をひいて生地を流し、ねぎ、あげ玉、紅しょうがをかけて上にその他の具をのせる（餅が上に見えるように並べる）。

⑤生地が固まってきたら、ひっくり返して丸く形を整え、全体に火が通ったら、もう一度ひっくり返し、ソース、青のり、かつお節をかける。

■ハニーレモンスカッシュ

レモン果汁…1/2個分、はちみつ…大1～2、炭酸水（無糖）…200～250cc、氷…適量

■ヨーグルトプリン（市販品）

朝

朝向きのスープ

スープの具の野菜は、加熱するので量を取ることができます。材料表にこだわらず、好みの野菜を好きなだけ加えておいしい朝の一品を。

■かぼちゃのスープ

３つの抗酸化ビタミンすべてを含むかぼちゃを、相性のいい牛乳仕立てにしました。

かぼちゃ…120g、玉ねぎ…40g、セロリの葉と茎…20g、バター…大1、固形スープ…½個、水…100cc、牛乳…100cc、塩・こしょう…少々

作り方

①かぼちゃは一口大に切り、電子レンジで1分30秒加熱。玉ねぎ、セロリはみじん切りにする。
②鍋にバターをとかし、玉ねぎを炒めしんなりしたらセロリを加え、さらにしんなりしたらかぼちゃを加え炒める。
③かぼちゃにバターがまわったら、水と固形スープを入れ強火にし、かぼちゃがやわらかくなるまで5分ほど煮、牛乳を加え温まったら、塩、こしょうで味を整える。

■はんぺんのスープ

エスニック風のスープにふわふわのはんぺんを入れた簡単スープです。

はんぺん…½枚、チンゲン菜…小½株、鶏がらスープの素…小1、水…400cc、しょうがの薄切り…1切れ、ナンプラー…小½、ブラックペッパー…少々

作り方

①はんぺんは一口大のサイコロ切りにし、チンゲン菜は固めにゆで半分に切る。
②鍋に水とスープの素を入れ沸かし、しょうがを入れ、沸騰したらチンゲン菜、はんぺんを入れる。
③火が通ったらナンプラーを入れ、好みの量のブラックペッパーを加える。

■干ししいたけのかき玉スープ

コーンの甘さとしいたけのうま味がマッチした具だくさんな中華スープ。

干ししいたけ…2個、ホールコーン缶…汁とコーンで100g、卵…1個、鶏がらスープの素・しょうゆ・塩・こしょう…少々、片栗粉…小1

作り方

①干ししいたけは200ccの水でもどし、薄切りにする。
②ホールコーン缶を汁ごと入れ、しいたけのもどし汁＋水で300cc、スープの素、しいたけ、しょうゆを入れ、強火で煮、沸騰したら弱火にし、2分ほど煮て、塩、こしょうをする。
③片栗粉を同量の水でとき、鍋に入れ、とろみをつける。
④卵を割りほぐし、鍋に流し入れひと煮立ちしたら火を止める。

朝

朝向きのドリンク&デザート

和食の朝食で取りにくいビタミンCを、洋食で不足しがちな食物繊維を補強。工夫したドリンクやデザートは、あわただしい朝食の安らぎです。

■シリアルフルーツヨーグルト

シリアル… 20g、プレーンヨーグルト… 50g、キウイフルーツ、いちご、バナナなど季節の果物…適量、プルーンの紅茶漬け…1〜2個、はちみつ…適量

作り方

器にシリアルを入れ、ヨーグルトとはちみつをかけ、カットした果物、プルーンをのせる。

＊プルーンの紅茶漬けの作り方

プルーンは一度熱湯を通す。濃いめの紅茶を作り、その中にプルーンを入れ、粗熱が冷めたら冷蔵庫で保管する。

欧米選手の必須アイテム、食物繊維の多いシリアルをデザートにしました。

■オレンジヨーグルト

100%オレンジジュース…100cc、プレーンヨーグルト…100cc

作り方

①カップにヨーグルトを入れ、オレンジジュースを加える。
②好みでヨーグルトについている砂糖またははちみつを少量加える。

選手が苦手な甘みのないプレーンヨーグルトのメリットを生かしながら、より飲みやすくしました。

■ごまミルク

黒ごまペースト…小1、牛乳…100cc、はちみつ…小1、バニラエッセンス…少々、シナモンパウダー…少々

作り方

①牛乳にごまペースト、はちみつを入れ火にかけ、泡立て器でよく混ぜる。
②温まったら火を止め、バニラエッセンスを入れ、器に入れ、シナモンパウダーを上に振る。

ごまのコクで体が温まる、寒い時期に向く栄養価たっぷりのドリンクです。

学校に持っていくお弁当

昼

日頃からしっかり食べてほしいごはんは、混ぜごはんにして食べやすく。混ぜごはんの具でバリエーションをつけられます。おかずの肉巻きやサラダは、いろんな食材を使って他種類の野菜を無理なく食べられるメニューです。

■梅しそじゃこごはん
強化米入りごはん…350g、梅干し…2個、しそ…2枚、ちりめんじゃこ…大2、白ごま…3g

■豚肉巻きソテー(3本)
豚もも肉…75g、さやいんげん…6本、にんじん…20g、干ししいたけ… 2g、調味料A｛しょうゆ…小½、みりん…小⅓｝、サラダ油… 5g、しょうゆ…大1、みりん…小2、砂糖…小⅓、付け合わせ｛サニーレタス…30g｝

作り方
①干ししいたけはもどし、軸をとって薄切りにし、調味料Aと一緒に汁気がなくなるまで炊く。
②にんじんは角切りにし、さやいんげんとゆでる。
③豚肉に①と②をのせて巻く。
④フライパンに油をひき豚肉を入れ、焼き色がつけばしょうゆ、砂糖、みりんを入れて煮からめる。

■さつま芋とりんごのサラダ
さつま芋…50g、りんご…10g、きゅうり…10g、チーズ…10g、塩・こしょう…適量、フレンチドレッシング…大1、付け合わせ｛プチトマト…2個｝

作り方
①さつま芋は1cmサイの目に切り、電子レンジで1分加熱して冷ましておく。
②きゅうり、チーズ、りんごもサイの目に切り、りんごは塩水につけておく。
③①、②と塩、こしょう、フレンチドレッシングを混ぜ合わせ味を整える。

■卵焼き…卵1個分

■オレンジ　■牛乳

補食用　おにぎり、グレープフルーツジュース

■おにぎり(3個)
強化米入りごはん…400g、とろろ昆布…2g、たらこ…20g、ごま…10g

作り方
①たらこはさっと焼く。
②ごはんにごまを混ぜ3つに分ける。真ん中にたらこを詰めてにぎり、とろろ昆布を巻きつける。

昼 試合のある日のお弁当

試合の日は、エネルギー確保が大切なので炭水化物の多いおにぎり、サンドイッチ、フルーツを揃えました。いつでもどこでも食べられるよう、おにぎりは小さめに、サンドイッチは1つ1つをラップに包みます。

■俵型おにぎり5種

強化米入りごはん…500g、ふりかけ2種、昆布、鮭、梅干し

作り方

ごはんを5つに分けて、それぞれに具を詰めてにぎる。

■小さなサンドイッチ

サンドイッチ用パン…4枚、具A｛むきえび…40g、キャベツ…50g、ピーマン…15g、サラダ油…3g、カレー粉…小1、塩・こしょう…適量、マヨネーズ…5g｝、具B｛卵…1個、トマト…30g、レタス…15g、マヨネーズ…5g｝

作り方

①具Aは、キャベツは角切りにして、ピーマンは縦に細く切る。

②フライパンにサラダ油を熱し、えび、キャベツ、ピーマンを炒め、塩、こしょう、カレー粉を入れて味を整える。

③パンにマヨネーズをつけて具A、具Bをそれぞれのせ、4つに切ってラップに包む。

■フルーツ盛り合わせ

■カップヨーグルト

昼

選手が自分で作るお弁当

冷蔵庫に入っている材料を、ゆでる、焼くだけの手間のかからないお弁当です。簡単に作れますが、必要にして十分な栄養を取ることができます。枝豆、ブロッコリーは、冷凍のものを利用すればより手軽になります。

■簡単弁当

強化米入りごはん…500g、ふりかけ、ゆで卵…1個、鮭の塩焼き… 1切、魚肉ソーセージ…½本、枝豆…30g、サラダ｛サラダ菜…1枚、ブロッコリー…30g、コーン…20g、プチトマト…3個｝

作り方

材料をご覧の通り、調理するものといえば卵と鮭だけ。ゆで方、焼き方は親が教えて選手に作ってもらいましょう。材料を1つ1つ弁当箱に自分で詰めることで、自分の体の中に入る顔ぶれ、量を実感できます。

■カップスープ

■ヨーグルト

■バナナ…1本

■オレンジジュース

昼食のサンドイッチ・バリエーション

昼

いつでもどこでも、それだけで食べられるのがサンドイッチのメリット。脂っこくなりがちな具にひと工夫して、ヘルシーなメニューに生まれ変わらせました。

■和風サンドイッチ

ツナの代わりにフレーク缶を使った低脂肪なサンドイッチです。

10枚切りサンドイッチ用パン…3枚、バター…大1、まぐろフレーク缶…40g、きゅうり…1/3本、玉ねぎ…20g、マスタード…少々、マヨネーズ…大1、スライスチーズ…1枚、焼きのり…1/2枚

作り方

①パンに薄くバターを塗る。
②まぐろフレーク缶は水気をよく切り、ボウルに入れ、みじん切りしたきゅうり、玉ねぎ（水にさらす）、マスタード、マヨネーズと和える。
③のりは半分に切り、①のパンにのせ、チーズ、のりをのせパンではさみ、その上に②をのせさらにパンではさむ。
④半分に切る。

■オイルサーディンのサンドイッチ

いわしを骨ごと食べられる、大人の味のサンドイッチ。

ライ麦パン… 1個、マスタード…小1、バター…小2、オイルサーディン…小1/2缶、塩・こしょう・粉チーズ…少々、トマト…40g、玉ねぎ…30g、グリーンリーフ…1枚

作り方

①ライ麦パンに切り目を入れ、マスタードとバターを塗る。
②オイルサーディンの缶をあけ、塩、こしょう、粉チーズを振り、オーブントースターに入れ5分ほど焼く。
③①のパンにグリーンリーフ、輪切りトマト、輪切り玉ねぎ（水にさらす）と一緒に②をはさむ。

■ぶどうパンのクリームチーズサンド

おなじみのぶどうパンをチーズケーキ風のサンドイッチにしました。

ぶどうパン…2枚、クリームチーズ…50g、くるみ…20g、はちみつ…適量、シナモン…少々

作り方

①くるみをオーブントースターで軽く焼く。
②室温にもどしたクリームチーズにはちみつとシナモン、①のくるみを入れ混ぜる。
③ぶどうパンに②を塗り、サンドし4分の1に切る。

お弁当のおかずにふさわしいレシピを、栄養価的に意味のある食材別に紹介します。
それぞれ量を加減すれば、組み合わせることもできます。

■魚：鮭のカップグラタン

タンパク質たっぷりの鮭と大物野菜をもりもり食べられます。

生鮭…40g、じゃが芋…40g、ブロッコリー…20g、生クリーム…25cc、塩・こしょう…適量

作り方

①じゃが芋は1cmくらいの乱切りにして水にさらしておく。生鮭、ブロッコリーもじゃが芋と同じ大きさに切り、ブロッコリーはゆでておく。
②ボウルに①と生クリーム、塩、こしょうを混ぜ合わせて味を整え、銀カップに入れる。
③温めておいたオーブントースターで6〜8分ほど焼いてできあがり。

■豆：鶏肉のカレー煮

買い置きカレールウの新しい活用法。かみごたえのあるおいしさです。

鶏手羽肉…3本、ゆで大豆…40g、玉ねぎ…20g、にんじん…15g、グリーンピース…5g、バター…5g、カレールウ…15g、水…300cc、コンソメ…1.5g

作り方

①玉ねぎはスライスに切り、にんじんはイチョウ形に切る。
②鍋にバターをとかし鶏肉、玉ねぎ、にんじんを炒める。
③玉ねぎがきつね色になれば、大豆とコンソメ、水を入れアクをとる。
④アクがとれたらカレールウを入れて煮込み、汁気がなくなればできあがり。

■卵：にら玉お焼き

定番の卵焼きをお好み焼き風に仕上げて、いか独特の食感をプラスしました。

卵…2個、にら…20g、いか…40g、薄口しょうゆ…小½、だし汁…大2、サラダ油…小1.5

作り方

①卵は割ってときほぐしておく。にら、いかは3cmの長さに切る。
②フライパンにサラダ油を入れ、にらといかを炒める。
③②を①に加えて、再びフライパンに油を入れ、②を加えた①を入れる。底が焼ければひっくり返し両面が焼ければできあがり。

昼 お弁当のおかず6品

■芋：里芋の治部煮風

欠かさず食べたい乾物と根菜メニューのお弁当バージョンです。

豚ロース肉…40g、里芋…80g、干ししいたけ…2g、刻み昆布…50g、サラダ油…小1、しょうゆ…大1、酒…小2、みりん…小1、砂糖…小½、だし汁…200cc

作り方

①里芋は洗って皮をむく。干ししいたけはぬるま湯でもどし、軸をとって細く切る。刻み昆布は食べやすい大きさに切る。

②鍋に油を入れて豚肉を炒める。火が通ればだし汁、しいたけのもどし汁、里芋、しいたけ、刻み昆布を加える。アクをとり里芋がやわらかくなれば、しょうゆ、酒、みりん、砂糖を加えて味を整えて、しっかり煮きってできあがり。

■野菜：アスパラのかき揚げ

赤、青、黄色、手近な材料で色鮮やかに作り、食欲が増すかき揚げです。

グリーンアスパラガス…3本、ウインナー…30g、スイートコーン…30g、天ぷら粉…大3、水…大3、小麦粉…小1、揚げ油、塩

作り方

①グリーンアスパラガスは固めにゆでて2cmの長さに切る。ウインナーは1cmの長さに切る。

②天ぷら粉は水でといておく。

③①とスイートコーンをよく混ぜ、小麦粉を加えてさらによく混ぜる。

④③に②を加え混ぜ合わせる。

⑤180℃の揚げ油に大さじ2くらいの量ずつ落とし入れ、かき揚げを作る。

⑥好みで軽く塩を振る。

■肉：牛肉ときのこのオイスター炒め

オイスターソースを使って画一的になりがちなおかずの味に変化を。

牛もも肉… 80g、玉ねぎ… 20g、しめじ… 30g、しいたけ… 20g、ピーマン…40g、にんにく…1かけ、土しょうが…1かけ、オイスターソース…小2、塩・こしょう…適量、サラダ油…5g

作り方

①牛もも肉は一口大に、玉ねぎ、しいたけはスライスに切り、しめじは適当な大きさにほぐす。ピーマンは種をとって縦に細く切る。

②フライパンに油を入れ、みじん切りにしたにんにく、土しょうがを炒め、香りがたってきたら牛肉を炒める。

③牛肉に火が通れば野菜を全部入れて、しんなりしてきたら塩、こしょう、オイスターソースを入れて味を整えてできあがり。

昼

お弁当の常備菜

常備菜は、栄養的にももちろんですが、お弁当に落ち着きを与える役目もあります。3～4日のローテーションで利用してみましょう。常備菜の分量は、1人前ではなく作り置きしておく分量です。

■二色うずら卵

お弁当に合ううずらの卵をカラフルで手軽な常備菜にしました。

うずら卵…40個、調味料A｛塩…小½、こしょう…少々、ターメリック…小1.5、酢…大3、サラダ油…大6｝、調味料B｛ウスターソース…½カップ、ローリエ…2枚｝

作り方

①うずら卵は固ゆでにし、水にとって冷まし、からをむく。
②調味料Aをよく混ぜ合わせ、この中に①の半量を入れ1時間以上つけ込む。
③残りの①を調味料Bの中につけて、2時間以上おく。

■鶏レバーのしょうが煮

ビタミン、ミネラルの宝庫レバーをお弁当用に食べやすく仕上げました。

鶏レバー…300g、にんにく…1かけ、調味料A｛酒…大3、しょうゆ…¼カップ、砂糖…大1、しょうが薄切り…1かけ｝、炒り白ごま…適量

作り方

①鶏レバーは一口大に切って薄めの塩水につけ血抜きをする。
②鍋ににんにく1かけをつぶして入れ、軽くから炒りし、2カップほどの水を入れ煮立てた中に①を入れ、周りの色が変わる程度にざっとゆでてざるにあける。
③鍋に調味料Aを入れ煮立て、この中に②のレバーを入れ、落としぶたをして弱火で汁気がなくなるまで煮る。
④器に盛り、白ごまを振る。

■ひき肉と漬け菜の炒め物

豚肉のビタミンB_1に高菜とセロリの食物繊維も取れるパワフルな常備菜。

豚ひき肉… 200g、高菜の漬け物… 100g、セロリ小口切り… 1本、調味料A｛しょうゆ…大1、酒…大1、豆板醤…小1～2｝、ねぎみじん切り…⅙本

作り方

①高菜の漬け物はさっと洗って絞り、みじん切りにする。
②油大さじ2で豚ひき肉を炒め、①とセロリを加えさらに炒め、調味料を加える。
③ねぎを加えさっと炒める。

晩 遅く帰った日の夕食

帰りの遅かった日は、なるべく消化のよいものにしたいので、油を少ししか使わない鶏の照り焼きと具だくさんのすいとんに。野菜も手軽なスティックサラダにし、にんじんの甘みが苦手な選手でも食べやすくしました。

■強化米入りごはん…300g

■すいとん

小麦粉…40g、豚肉…40g、大根…50g、にんじん…20g、ごぼう…30g、生しいたけ…20g、油揚げ…5g、ねぎ…10g、水…300cc、風味だし…1.5g、味噌…12g

作り方

①すいとんは小麦粉を同量の水で練って、耳たぶくらいの固さになれば熱湯に入れて作る。
②大根、にんじん、ごぼうはそれぞれ乱切りにする。生しいたけ、油揚げ、ねぎは細く切る。
③だしを作り、大根、にんじん、ごぼうを入れてゆで、やわらかくなればすいとん、しいたけ、油揚げ、ねぎを入れてできあがり。

■鶏照り焼き

鶏もも肉…150g、調味料A｛しょうゆ…大1、酒…小2、みりん…小2｝、油…小2、付け合わせ｛ししとう…3本｝

作り方

①鶏肉は皮の部分を数カ所フォークで刺しておき、身の厚い部分に切り込みを入れ、Aの合わせ調味料に15～20分つけ込む。
②フライパンに油を熱し、鶏肉の皮を下にして焼き色をつけ、返す。火が通ればAを加え煮からめる。
③ししとうを焼き、鶏肉と一緒に盛りつける。

■なすのしょうが和え

なす…1本、土しょうが…0.3g、しょうゆ…小1、みりん…小1

作り方

なすを熱湯でゆで、冷水に浸す。調味料を混ぜ合わせできあがり。

■スティックサラダ

大根…30g、きゅうり…30g、セロリ…20g、にんじん…20g

作り方

野菜を長めの拍子切りにして、氷水にさらす。

■ドリンクヨーグルト（キウイフルーツ）

■キムチ

晩

体脂肪を落としたい時の夕食

食べ物からの脂肪も抑えたいので、牛ヒレ肉、ヨーグルトを使います。れんこんやわかめには、食物繊維が豊富。カロリーが高いイメージのあるビーフシチューもアレンジ次第で選手好みの味のままローカロリー食になります。

■麦ごはん…300g

■ビーフシチュー

牛ヒレ肉…150g、ブロッコリー…60g、じゃが芋…80g、玉ねぎ…40g、しめじ…30g、にんじん…20g、酒…大1、生クリーム… 20cc、デミグラスソース…90g、コンソメ…2g、バター…5g

作り方

①ブロッコリーは塩を入れた熱湯でゆでておく。じゃが芋、玉ねぎは、一口大に切っておく。しめじはほぐして、にんじんは乱切りにしておく。

②鍋にバターをとかし、肉を入れる。火が通れば玉ねぎ、にんじん、しめじを入れて炒める。玉ねぎが透き通ってきたら、かぶるくらいの水、コンソメを加えていねいにアクをとっていく。

③デミグラスソースを加え25～30分ほど煮込み、生クリーム、じゃが芋を加える。

④じゃが芋に火が通ればブロッコリーを混ぜ合わせ、器に盛る。

■れんこんとわかめのサラダ

れんこん…40g、調味料A｛しょうゆ…小1、みりん…小1、砂糖…1/3｝、乾燥わかめ…2g、玉ねぎ…15g、レタス…50g、きゅうり…30g、赤ピーマン…5g、黄ピーマン…10g、フレンチドレッシング…10g

作り方

①れんこんは薄くスライスし、酢水にさらしておく。Aの合わせ調味料にれんこんを入れ炊く。

②玉ねぎは薄くスライスし、水にさらしておく。わかめはもどしておく。

③レタスは手でちぎり、きゅうりは斜めにスライスし、赤、黄ピーマンは千切りにしておく。

④お皿に③を盛りつけ、①、②とフレンチドレッシングを混ぜ合わせ③の上にのせできあがり。

■フルーツヨーグルト

ヨーグルト・バナナ・オレンジ・ブルーベリージャム…適量

晩

筋肉をつけたい時の夕食

筋肉の材料であるタンパク質をいろいろな食材から取れるように、まず、ごはんは強化米を大豆ごはんに。さらに低脂肪高タンパク質の豚ヒレ肉、ほたて、ささみのひき肉を使いました。大豆ごはんは、納豆ごはんでもOK。

■強化米大豆ごはん

精白米…180g、強化米…0.8g、ゆで大豆…100g、酒…大1.5、塩…小½

作り方

①米は炊く30分前にといで、ざるにあける。
②炊飯器に米、酒、塩、ゆで大豆を入れて普通のごはんと同じように炊く。
③炊き上がれば、軽く混ぜ合わせてできあがり。

■チーズトンカツ

豚ヒレ肉…80g、チーズ…20g、塩・こしょう、小麦粉、卵、パン粉、揚げ油、ソース、付け合わせ{キャベツ…50g、紫キャベツ…5g}

作り方

①豚ヒレ肉は軽くたたき塩、こしょうする。キャベツは千切りにして水にさらしておく。
②豚肉にチーズをはさみ、小麦粉、卵、パン粉を順につけて揚げる。
③皿にキャベツ、トンカツを盛りつける。

■鶏肉とチンゲン菜の中華炒め

ささみひき肉…50g、チンゲン菜…80g、玉ねぎ…20g、もやし…30g、サラダ油、調味料A{中華だし…1g、薄口しょうゆ…小2、酒…小1、塩・こしょう}

作り方

①チンゲン菜は一口大の大きさに切る。玉ねぎは中華切りにする。
②フライパンに油を熱し、ひき肉を炒める。火が通れば玉ねぎ、チンゲン菜、もやしの順に加え、Aの調味料を入れ、味を整えてできあがり。

■白菜とほたてのコンソメスープ

白菜…40g、ほたて貝柱…30g、コンソメ…1.5g、塩・こしょう

作り方

①白菜はたん冊切りにする。
②水180ccにコンソメを入れ、ひと煮立ちしたら貝柱と白菜を入れ、火が通ればできあがり。

■牛乳

■フルーツ

晩 疲れた時の夕食

食事をするのが面倒になりがちな疲れている時でも食べやすいメニューです。疲労回復には欠かせない炭水化物とビタミンB群、有機酸を含んだお寿司や、消化しやすいうどんなら必要な量をおいしく食べられるでしょう。

■五目散らし寿司

ごはん…400g、強化米…0.8g、だし昆布、合わせ酢｛酢…大1、砂糖…小2.5、塩…小1/2｝、穴子の蒲焼き…60g、えび…60g、いくら…30g、卵…50g、サラダ油、干ししいたけ…2g、かんぴょう…5g、調味料A｛だし汁、酒…大1、薄口しょうゆ…大1.5、砂糖…大2.5、みりん…大1/2｝、れんこん…30g、にんじん…10g、油揚げ…8g、調味料B｛だし汁、酒…大1、みりん…大1、薄口しょうゆ…小2、塩…少々｝、きゅうり… 20g、三つ葉…10g、刻みのり…適量

作り方

①米は炊く30分前にとぎ、だし昆布と炊く。

②干ししいたけはぬるま湯にもどし、軸をとる。かんぴょうは洗って塩を振りよくもんでさらして水を切る。鍋に調味料Aとしいたけ、かんぴょうを入れて汁気がなくなるまで炊き、細かく切っておく。

③れんこん、にんじん、油揚げを細かく切り、鍋に調味料Bを入れて汁気がなくなるまで一緒に炊く。

④錦糸卵を焼いておく。えびはさっとゆでて、からをむく。穴子は一口ぐらいの大きさに切り、きゅうりは薄く輪切りにする。

⑤炊いたごはんに合わせ酢、②、③を混ぜ合わせる。器にごはんを盛りつけて穴子、えび、きゅうり、卵を散らして、のり、三つ葉、いくらをのせる。

■山菜わかめうどん

ゆでうどん…1玉、山菜水煮…50g、乾燥わかめ…2g、かまぼこ…2切、うどんだし

作り方

①乾燥わかめは、もどしておく。

②うどんをゆでて、①と残りの具をのせる。

■ほうれん草のわさび和え

ほうれん草…80g、にんじん…8g、練りわさび…1g、濃口しょうゆ・だし汁…小1、砂糖…小1/3

作り方

①ほうれん草は塩を入れた熱湯でさっとゆでて、冷水にさらして固く絞り、食べやすい大きさに切る。にんじんは千切りにしてゆでておく。

②わさび、しょうゆ、砂糖、だし汁を合わせて味を整えて、ほうれん草、にんじんを混ぜ合わせる。

■クリームみつ豆

晩 貧血予防のための夕食

貧血を防ぐには、鉄分の補給が欠かせません。鉄分が豊富な食材をいろいろ調理法で使いました。また、小松菜に含まれるビタミンCは、鉄分の吸収を助ける効果があります。レバーが苦手でもおいしく貧血予防できる一品です。

■強化米ふりかけごはん…500g

■かつおの竜田揚げ

かつお…120g、土しょうが…1g、しょうゆ…大1、酒…大1、片栗粉、揚げ油、付け合わせ｛青ねぎ…10g、刻みのり…適量、サニーレタス…30g、玉ねぎ…40g、トマト…60g｝

作り方

①かつおは適当な大きさに切って、すり下ろした土しょうが、しょうゆ、酒に15～20分つけ込む。

②サニーレタスは手でちぎり、玉ねぎはスライスして水にさらしておく。

③かつおに片栗粉をつけて揚げ、お皿に付け合わせとかつおをのせ、かつおに青ねぎと刻みのりを散らす。

■豚、大根、厚揚げの煮物

豚ロース…40g、大根…80g、にんじん…20g、厚揚げ…1個、こんにゃく…30g、絹さや、薄口しょうゆ…小2、みりん…小1、だし汁、サラダ油…小1

作り方

①大根、にんじん、厚揚げ、こんにゃくは、一口大の大きさに切りこんにゃくはゆでておく。

②鍋に油をひいて豚肉を炒め、火が通れば、かぶるくらいのだし汁、大根、にんじん、厚揚げ、こんにゃくを入れる。アクをとりながら、野菜がやわらかくなれば薄口しょうゆ、みりんで味を整えて絹さやを入れる。

■あさりと小松菜の味噌汁

あさり…5個、小松菜…30g、味噌…小2、だし汁…200cc

作り方

①あさりは塩水につけて砂を吐かせる。小松菜は5cmくらいの長さに切っておく。

②だし汁にあさりを入れて、貝が開けば味噌をといで入れ小松菜を加えてできあがり。

■フローズンヨーグルトプルーン添え

■オレンジジュース

晩 ケガをしている時の夕食

ケガをしている時は、運動量が落ちるので脂肪が増えやすくなっています。食物繊維が多い麦ごはんや低脂肪牛乳で脂肪分は抑えました。しかも、高タンパクかつミネラル豊富な食材でケガからの回復もサポートします。

■麦ごはん…300g

■穴子の柳川風煮

穴子の蒲焼き…80g、卵…75g、ごぼう…20g、しらたき…20g、玉ねぎ…20g、干しえび…8g、干ししいたけ…2g、青ねぎ…10g、だし汁…400cc、しょうゆ…小2、酒…小2、みりん…小2、砂糖…小1

作り方

①ごぼうはささがきにして酢水にさらしておく。しらたきは適当な長さに切って下ゆでしておく。玉ねぎはスライスに切る。干しえびは水でもどし、足や背の固い部分をとる。干ししいたけはぬるま湯にもどして軸をとって細く切る。

②だしを作り調味料を入れ、ごぼう、しらたき、玉ねぎ、干しえび、しいたけを入れる。火が通れば適当な大きさに切った穴子、卵を入れてできあがり。

■豚キムチ炒め

豚もも肉…40g、キムチ…50g、サラダ油…小1

作り方

①豚肉は適当な大きさに切る。キムチは水気を切っておく。

②フライパンにサラダ油を熱し、豚肉を炒め、火が通ればキムチを入れてできあがり。

■チーズグリーンサラダ

キャベツ…50g、サニーレタス…30g、プチトマト…4個、カマンベールチーズ…40g、塩…適量、ブラックペッパー…適量、ノンオイルドレッシング…適量

■低脂肪牛乳

■フルーツ盛り合わせ

晩

ごはんものバリエーション

日本人のパワー源であるごはん。パターンを増やせば、食生活の柱を強化することになります。白いごはんにこだわらずいろいろ試してみましょう。

■胚芽米の手こね寿司

高タンパク低脂肪の漁師町の郷土料理を胚芽米でパワーアップしました。

まぐろ刺身用…170g、調味料A｛しょうゆ…1/8カップ、酒…大2、みりん…大2｝、青しそ…10枚、みょうが…1個、白ごま…大2、手巻き寿司用のり…適量、胚芽米のごはん…500g

作り方

①まぐろは薄くそぎ切りにし、調味料Aの汁につけ込む。
②固めに炊いた胚芽米にAの汁を加え混ぜしばらく蒸らす。
③飯台に移し、寿司酢（米酢…大3、砂糖…大1/2、塩…小1/2強を混ぜ加熱したもの）を入れ、切るように混ぜる。
④つけ込み汁の入った寿司飯に白ごまと①のまぐろを入れ、手で混ぜる。
⑤皿に盛り、細い千切りにした青しそとみょうがを散らす。
⑥好みで手巻き寿司用ののりを添える。

■ターメリック麦ごはんのグリーンカレー

はまるとやみつきになるタイカレー。野菜と麦ごはんで食物繊維もたっぷり。

グリーンカレーペースト…1/2袋、水…225cc、ココナッツミルク…1/2缶、ナンプラー…大1、砂糖…小1/2、鶏骨付きぶつ切り肉…150g、パプリカ…1/2個、マッシュルーム…3個、なす…中1本、たけのこ…40g、いんげん…40g、ターメリック麦ごはん…500g

作り方

①ターメリック麦ごはんは、米3合をとぎ、米粒麦1合、ターメリック小1〜1.5を加えていつもの水加減をし、ざっと混ぜて炊く（サラダ油少々は好みで）。そのうちの500gを使用。
②なすは縦半分の1cm斜め半月切り、マッシュルームといんげんは半分、パプリカとたけのこは細切りにする。
③鍋にサラダ油を熱しカレーペーストを炒め、油になじんだら鶏肉を入れて中火で炒め、さらに②を加える。
④野菜がしんなりしたら水を加えてひと煮立ちさせ、ココナッツミルク、ナンプラー、砂糖を入れ15分煮込む。

■豆ごはんの豚のしょうが焼き丼

肉とにんにく、それに豆ごはん。ビタミンB群たっぷりのスタミナ丼。

豚もも肉薄切り…150g、調味料A｛おろしにんにく…少々、しょうが…少々、しょうゆ…大3、酒…大2、みりん…大1｝、かぼちゃ…30g、にんじん…30g、アスパラ…30g、玉ねぎ…40g、豆ごはん…500g

作り方

①豆ごはんは、米3合をとぎ、普通かちょっと少なめの水加減をし、冷凍グリーンピース80g、塩小さじ1と一緒に炊く。そのうちの500gを使用。
②豚肉は3分の1の長さに切り、調味料Aにつけ込む。
③フライパンを熱して②の肉を焼き、途中に野菜も入れて、さらに炒める。味をみて塩、しょうゆ、みりんなどで味付ける。
④丼または皿に豆ごはんを盛り、③の肉と野菜を盛りつける。好みで粗びきブラックペッパーを振りかける。

晩

夜食の一品

選手がお菓子に走る前に、おいしく、食べる意味のある一品を用意。ただし、夜食がクセにならないようどうしても必要な時だけに。

■スナックビーフン

中華麺より胃にもたれないビーフンを使って、酸味をきかせてさっぱりと。

ビーフン（乾・太め）…50g、牛赤身ひき肉…40g、トマト…1/4個、青ねぎ…2本、しょうがの薄切り…2枚、中華スープの素…小1、水…2カップ、ナンプラー…小1、ライムまたはレモンの絞り汁、塩・こしょう…少々

作り方

①ビーフンは湯に5分つけてから水気を切る。
②トマトは薄めのくし切り、青ねぎは小口切りにする。
③鍋に中華スープを加熱し、沸騰したら牛ひき肉を入れ、アクをとる。
④トマト、ねぎを入れ、ナンプラー、ライム（レモン）汁、塩、こしょうで味付ける。
⑤ビーフンを加えて温め、器に盛って好みで一味唐辛子を加える。

■ミルク豆腐白玉

消化のいい白玉を、豆腐と牛乳で練ってプロテインとカルシウムを強化。

白玉粉…40g、絹ごし豆腐…30g、牛乳…30g、黒みつ・きなこ…適量

作り方

①ボウルに豆腐と牛乳を入れ合わせ、そこに耳たぶのやわらかさになるまで白玉粉を入れる。
②直系2cmくらいのボウル状に丸め、指先で押さえて形を作る。
③たっぷりの湯で浮き上がってくるまでゆで、すぐに熱湯にとる。
④器に盛り、黒みつときなこをかける。

■マシュマロココア

ココアポリフェノールとミルクが胃を落ち着かせ、心地よい眠りを導きます。

ピュアココア…小山盛り4〜5杯（30〜40g）、砂糖…小1〜2、牛乳…200cc、マシュマロ…1個

作り方

①鍋で温めた牛乳にココアと砂糖を入れ泡立て機でよく混ぜる。
②器に移しマシュマロを浮かせる。

選手に不足しがちな食材を使った簡単レシピ集

RECIPE FOR BASEBALL PLAYERS

日本中どこでもさまざまな食材が手に入るようになった。
食べ物の選択肢が増えた分、ちょっとでも苦手なものや、
手間のかかるものは、食卓や弁当とは縁遠くなってきている。
その多くは、昔から日本人の体を作ってきた一般的な食材であり、
栄養価的にも他の食べ物では簡単に換えがきかない大切なものだ。
おいしい一皿を、いつも選手の近くに置いてあげてほしい。

青魚

今や海沿いに住む選手たちでさえ、青魚を食べなくなってきている。本来、日本のごく一般的な食材である青魚は、カルシウムなどのミネラル、アミノ酸、タウリン、そしてＤＨＡ、ＥＰＡの宝庫だ。特に記憶力向上に役立つＤＨＡと、血栓を防ぐＥＰＡは、ほぼ魚からしか得られない。一日の必要量は、わずか青魚１００ｇ。食卓のアクセントとして並べるだけで満たされる。手間はいらない。三枚におろす必要もない。その一皿が、選手の大きな活力源となる。

1

さばの韓国風味噌煮

食欲がない時でもピリ辛味でごはんが進み、さばと仲よくなれる一皿です。

●材料（1人前）

さば… 1/2尾（100g）、にんにく…小1/2、ねぎ…大1/2、中華スープの素…小1/2、豆板醤…小1/4、砂糖…大1、しょうゆ…小1/2、酒…小1/2、味噌…大1/2、付け合わせ｛ねぎ…1/2本、ししとう…3個｝

●作り方

①さばは三枚におろし、皮目の中央に十字の切り目を入れ、味をしみ込みやすくする。
②鍋に水100cc、スープの素、にんにくとねぎのみじん切り、豆板醤、砂糖、しょうゆ、酒、味噌を入れ、中火にかけ沸騰させる。
③②にさばを入れ、さばに火が通るまで煮込む。
④ねぎは5cmの長さに切り、ししとうはヘタをとる。
⑤③に④を入れ軽く加熱したら（ねぎがしんなりしたら）できあがり。

One Point

さばは傷みやすい魚ですので、よく吟味して新鮮なものを。

2

ぶりの唐揚げ甘酢タレ

魚だけしか食べられない照り焼きと違い、野菜もたくさん食べられます。

●材料（1人前）

ぶり…80g、しょうゆ…小1/2、酒…小1/2、小麦粉…大1.5、揚げ油…適量、レタス…50g、タレ｛しょうゆ…大1、酢…大1、砂糖…大1/2、ごま油…大1/4、ねぎ…2cm｝

●作り方

①ぶりは1cm幅にスライスし、しょうゆと酒をからませて、10分ほどおいたあと小麦粉をまぶしてからりと揚げる。

②レタスは千切りにする。

③タレの材料を合わせる。ねぎは粗みじんに切って加える。

④皿にレタスを敷き、ぶりをその上にのせたら、まんべんなくタレをかける。

One Point

衣のパリパリ感を残すため、タレをかけるのは食べる直前に。

3

さわらのチーズ焼き

洋メニューよりは脂肪分を抑えられ、おいしく魚を食べられる簡単料理です。

●材料（1人前）

さわら…1切（100g）、塩・こしょう…少々、バター…小1、玉ねぎ…1/4個（30g）、とけるチーズ…20g、パセリ…少々、プチトマト…3個

●作り方

①さわらは骨を取り除き、塩、こしょうをしておく。

②玉ねぎは薄切りにして、バターでしんなりするまで炒める。

③さわらもバターで両面焼き目をつけるように8分火を通す。

④トースターのトレイにさわらを置き、さわらの上に玉ねぎをのせ、その上にチーズをのせて刻みパセリを振って、チーズがとけるまでトースターに入れ加熱する。プチトマトもさわらと一緒に加熱する。

⑤チーズがとけ、少し焼き色がつきはじめたら器に盛る。

One Point

さわらに限らず、いろいろな魚に応用可能。

4

いわしのカレー風味揚げ

青魚独特のにおいが苦手でも、カレー風味で日常的な仕上げにしました。

●材料（1人前）

いわし…中3尾（150g）、しょうゆ…小2、みりん…小2、酒…小2、小麦粉…適量、カレー粉…小1、天ぷら粉…1/2カップ、揚げ油

●作り方

①いわしは頭と内臓をとって手開きにし、骨を抜く。

②調味料に20〜30分つける。

③いわしの汁気を切り、小麦粉を薄くはたく。

④天ぷら衣を作り、いわしをくぐらし170℃で揚げる。

One Point

いわしを開くのが面倒な時は、お店に頼むと手間なし。

5

あじのエスカベージュ

ごはんにもパンにも合う洋風南蛮漬け。あじの開きに飽きた時にどうぞ。

●材料（1人前）

あじ…1尾、塩・こしょう・小麦粉…少々、玉ねぎ…1/4個、トマト…1/4個、グリーンリーフ…1/8個、揚げ油、イタリアンドレッシング…大2、パセリ…少々

●作り方

①あじは三枚におろしたものを半分に切り、塩、こしょうをする。

②トマトは湯むきし、種をとって5cm角に切る。

③玉ねぎはみじん切りにし、水にさらしてからふきんに包んで水気をよく絞る。

④あじに小麦粉をまぶし170℃の油で揚げる。

⑤②と③をドレッシングに入れ、よく混ぜてから④のあじも加えてよく和えたあと冷蔵庫で冷やす。

⑥グリーンリーフを食べやすい大きさにちぎって、皿に敷いた上に、⑤にパセリを刻んだものを混ぜて盛りつける。

One Point

小さめのあじなら内臓だけとり、二度揚げすると骨ごとOK。

ひじき入り鶏つくね

カルシウムや食物繊維が豊富なひじきを、食べごたえのある形に仕上げました。

●材料（1人前）

鶏ひき肉… 150g、玉ねぎ…1/4個(30g)、卵…1/2個、片栗粉…小1、塩…少々、乾ひじき…小1、白ごま…小1、しょうゆ…大2/3、砂糖…大2/3、酒…大2/3、油…少々、大葉

●作り方

①玉ねぎはみじん切り、ひじきはもどし、長いものは5mmくらいに切る。
②ボウルに鶏ひき肉と卵を入れ、よく混ぜたあと、玉ねぎ、ひじき、ごま、片栗粉、塩を加えさらに混ぜる。
③フライパンを熱し油を薄くひき、②をスプーンで落とし入れ中火で焼いていく。焼き目がついたら裏返しさらに焼く。
④③に酒、しょうゆ、砂糖を加え、つくねを上下返しながら、汁気をつくねにからめていく。
⑤ほぼ汁気がなくなったらできあがり。

One Point
甘酢あんかけやケチャップでハンバーグ風などいろいろ楽しんで。

乾物

燻製がそれほど発達しなかった日本では、乾物は最強の保存食だ。実は、保存のための知恵は、栄養価の強化へもつながっている。材料を干すことで水分が抜け、それ以外の成分が凝縮されるからだ。例えば、切り干し大根は、生の大根に比べてタンパク質は12倍、食物繊維は17倍にもなる。特有のうま味成分も生まれてくる。新鮮なものを生で食べることに喜びを見いだしがちな日本人だが、生き生きとした選手は、日々の乾物によって育てられる。

2 切り干し大根の明太マヨネーズ和え

昔ながらの切り干し大根を、球児が好きなマヨネーズ味でアレンジしました。

材料（1人前）

切り干し大根（乾）…15g、明太子…15g、マヨネーズ…大2（30g）、レモン汁（好みで）…大1、いんげん…50g、白ごま…小1

作り方

①切り干し大根は水の中でもみ洗いしたあと、10分くらい水につけもどす。そのあとさっとゆで5cmの長さに切る。
②いんげんはヘタをとり、ゆでる。
③明太子とマヨネーズ、レモン、白ごまをよく混ぜておく。
④冷ました切り干し大根と4cmの長さに斜め切りしたいんげんを③に加えよく和える。

One Point

切り干し大根は歯ごたえが残るように、ゆですぎないように。

3 寒天入りシンプルサラダ

寒天を海藻のひとつとしてサラダにすれば、たくさん食べられます。

材料（1人前）

レタス…1/2玉、トマト…大1個、かいわれ大根…1/2パック、棒寒天…5g、中華ドレッシング…適量

作り方

①寒天は水に浸してもどし、よく押し洗いしたあと水を切り細かくちぎる。
②野菜は好みの大きさに切り、寒天とともに混ぜ合わせる。
③皿に盛りドレッシングをかける。

One Point

野菜やドレッシングは好みで変えてバリエーションを。

4 高野豆腐の蒲焼き風

苦手な高野豆腐も、甘辛く味付けすればごはんも進みます。

材料（1人前）

高野豆腐…1枚、小麦粉…大3、卵…1/2個、油…大2、しょうゆ…小2、みりん…小1、酒…小2、砂糖…小1、チンゲン菜(付け合わせ用)…1株

作り方

①高野豆腐は水でもどし、縦半分に切ったものをそれぞれ半分の厚さにスライスする。
②ボウルに小麦粉、卵と水を大さじ1くらい加えてドロッとした衣を作る。
③別の容器にしょうゆ、みりん、砂糖、酒と水を小さじ1加えてよく合わせておく。
④フライパンに油を入れたら、②に①をくぐらせ中火で両面にカリッと焼き色がつくまで焼く。
⑤④を一度取り出してフライパンをきれいにし、③を入れひと煮立ちしたら④を入れ、タレをからませたらできあがり。
⑥チンゲン菜は塩ゆでし適当な大きさに切る。

One Point

しっかり調理してあるのでもちがよく、
お弁当のおかずにも。

5 春雨入りコーンスープ

春雨の炭水化物と卵のタンパク質が一品で取れる効率的なスープです。

材料（1人前）

春雨(乾)…10g、水…200cc、スイートコーン(クリーム状)… 50g、中華スープの素…小1、塩・こしょう…少々、卵…1/2個、万能ねぎ…小1/2

作り方

①春雨は熱湯でさっとゆで、5cmの長さに切る。
②鍋に水とスープの素を入れ、火にかけ沸騰させる。
③味をみて塩、こしょうをする。
④スイートコーン、春雨を入れ、再度沸騰したらとき卵をまわし入れ、器に盛る。
⑤彩りに万能ねぎを散らす。

One Point

とろみがあり胃に優しく
消化がよいので、朝食にぴったり。

青野菜

青野菜は懐の深い食材だ。他の食材との相性もよく、調理法も多彩、もちろんそれだけで食べても十分においしい。それぞれの青野菜は、その味の違いを表すかのようにさまざまな栄養素を持ち合わせている。しかも、豊富かつ効果的に。カルシウムをとっても、その単なる供給源ではない。カルシウムをサポートするミネラル群も兼ね備える。つまり体内での実効率が違う。食べた分だけ力になる。生野菜だけを食べて安心するのはもう卒業しよう。

1

ピーマンのさっと炒め

きんぴら感覚で手軽に作れ、ピーマンがたくさん食べられる一品です。

●材料(1人前)

ピーマン… 3個 (60g)、ごま油…小1、砂糖…小1/2、しょうゆ…小1/2、削り節…少々

●作り方

①ピーマンは縦に2つに切り、ヘタと種をとったあと5mm幅の千切りにする。

②フライパンを熱し、ごま油を入れたあとピーマンを炒める (中火)。全体に油がまわったら砂糖としょうゆを加える。

③汁気がなくなってきたら火を止め、削り節を加えさっと混ぜる。

One Point

歯ざわりが好きならさっと炒め、においが嫌なら酒少々加え少し煮るのも手。

2 モロヘイヤの餃子

栄養豊富なスーパー野菜モロヘイヤ。敬遠していた選手にも気に入ってもらえるはず。

●材料（1人前）

モロヘイヤ…1/4束（約30g）、長ねぎ…1/4本（青い部分も使用）、豚ひき肉…30g、鶏ひき肉…20g、塩…小1/4、調味料A{しょうゆ…小1/4、酒…25cc、しょうが汁・こしょう…少々、にんにく…1/4片、ごま油…少々}、餃子の皮（小さめのもの）…10〜15枚、焼き油…小1、水…適量、ごま油…少々、タレ｛しょうゆ、酢、ラー油｝

●作り方

①モロヘイヤと長ねぎを細かく刻む。モロヘイヤは茎まで、長ねぎは青いところまで使う。

②ひき肉をボウルに入れ、塩を加えて混ぜる。

③②に①を加え、調味料Aを入れよく混ぜる。

④いつもの餃子の要領で皮に包む。

⑤強火で熱したフライパンに油をひき、餃子を並べ焼き色がついたら水を加え、火を中火にし、ふたをして蒸し焼きにする。水気が飛んで焼き上がったら仕上げにごま油を振る。

⑥タレを好みの味に作る。

One Point

モロヘイヤは茎まで刻んで入れると、食べた時に茎の食感が心地いい。

3 小松菜の炒め物

小松菜のビタミン、ミネラルをタンパク源とともにおいしく取れます。

●材料（1人前）

小松菜…1/2束、ロースハムスライス…1/2パック（30g）、卵…1/2個、塩…少々、しょうゆ…小1/2、酒…小1、こしょう…少々、油

●作り方

①小松菜は固めにゆでて4cmの長さに切る。

②ロースハムも半分に切りさらに短冊状に1cm幅に切り、ほぐしておく。

③フライパンに油を熱し、ほぐした卵に塩一つまみ加えたものを入れ、半熟状になったら一度取り出す。

④そのままのフライパンにハムを入れ、軽く炒め小松菜を加え、しょうゆ、酒、こしょうで調味し、小松菜が炒まったら卵をもどし、軽く混ぜ合わせてできあがり。

One Point

油を使うことで、小松菜のビタミンAの吸収率がアップ。

4 ブロッコリーのほたてあんかけ

ブロッコリーのビタミンCでほたてのミネラル分をフル活用できます。

●材料(1人前)

ブロッコリー…小1株、ねぎ…小1、しょうが…小1、水…200cc、スープの素…小1、ほたて缶…小1/2缶、塩…小1/4、しょうゆ…小1/2、酒…小1、片栗粉…適量、レッドピーマン…少々、油…小1

●作り方

①ブロッコリーは小房に分けゆでる。ねぎ、しょうがはみじん切りにする。
②フライパンを熱し、油を入れ、ねぎ、しょうがと炒めて香りを出す。
③②に水、スープの素、塩、しょうゆ、酒、ほたて缶をほぐしたものを汁ごと入れ、ひと煮立ちさせたあと、水とき片栗粉でとろみをつける。
④ブロッコリーとあられ切りしたレッドピーマンを③に加え、再度沸騰したらできあがり。

One Point
マヨネーズがけではなく、主菜となるブロッコリーの食べ方。

5 スパニッシュオムレツ

ほうれん草たっぷりのうえ、タンパク質も豊富な定番にしたい一品です。

●材料(1人前)

卵…1個、ほうれん草…1/2束、ベーコン…1枚(15g)、玉ねぎ…1/8個、木綿豆腐…80g、塩…小1/8個、こしょう…少々、油…小1

●作り方

①卵はよくほぐし、塩、こしょうで調味する。
②ほうれん草は固めにゆでて、冷水にとったあと、水気をよく切り3cmの長さに切る。
③ベーコンは1cm幅に切り、玉ねぎは薄切りにする。
④豆腐は1cm角に切る。
⑤フライパンにベーコンを入れ中火にかけ、油が出てきたら玉ねぎを入れ、透明になったら豆腐、ほうれん草を加え軽く炒める。
⑥⑤を①に入れ混ぜ合わせる。
⑦フライパンに油をひき、⑥を注ぎ入れ、両面をじっくり焼く。

One Point
大きく焼いてケーキのように切り分けて食べてもおいしい。

豆、豆製品

豆は、それだけで植物というひとつの生命体を生み出す。半端なサプリメントなど勝負にならない栄養を秘めている。ビタミンEや食物繊維の豊富さもそうだが、豆の大きなメリットは、イソフラボンとビタミンKだ。骨に効く。選手の今を支えるとともに、生きている限り人間を支える骨を強化する。食卓の豆の数は選手への愛情の深さとなる。豆嫌いの選手が、グリーンピースを一粒一粒より分ける根気を、トレーニングへの根気に代えてあげよう。

1

厚揚げの肉はさみ焼き

厚揚げと肉の両方からタンパク質が十分に摂取できるメニューです。

材料（1人前）

厚揚げ…1枚、豚ひき肉…60g、干ししいたけ…1枚、ねぎ…1/4本、調味料A｛酒…小1/2、片栗粉…小1/2、塩…少々｝、大根おろし・しょうゆ…適量

作り方

①もどした干ししいたけとねぎはみじん切りにする。
②豚ひき肉と①の干ししいたけ、ねぎ、調味料Aをボウルに入れ練り混ぜる。
③厚揚げを横半分に切り、切り口に片栗粉（分量外）をつけ、片側の切り口面に②の豚ひき肉をのせて平らにし、もう1枚の厚揚げを重ねて押さえ、オーブントースターで15分ほど焼く（前半はアルミホイルをかぶせて焼くと焦げすぎない）。
④焼き上がったら食べやすく切り、皿に盛り、大根おろしとしょうゆを添える。

One Point

肉をはさんで電子レンジで加熱してから、オーブントースターで焼くと時間短縮。

2 枝豆おこわ

若い大豆である枝豆は、大豆にはないビタミンAやCが含まれています。

●材料（1人前）

もち米…1カップ、水…160cc、だし昆布（5cm角）…1枚、冷凍枝豆（さや付き）…100g、にんじん…20g、しょうが…小1/2、調味料A｛塩…小1/2、みりん…小1/2、薄口しょうゆ…小1/4｝

●作り方

①もち米はといでざるに上げ水気を切り、深めの耐熱容器にだし昆布と分量の水を入れて、つけておく（30分程度）。

②枝豆は解凍後さやから豆を取り出しておく。

③にんじん、しょうがはみじん切りにする。

④①の分量の水につけておいた米の中に、枝豆、にんじん、しょうが、調味料Aを加えて混ぜ、ふた（耐熱容器にふたのない場合はラップ）をして、電子レンジ（500W）で約8分加熱する。

⑤加熱後、取り出して全体を混ぜ、さらに約2分加熱する。

One Point

旬には生の枝豆を使えば、解凍の手間も省け、栄養価もさらにアップ。

3 大豆と野菜のスープ煮

肉類の動物性ではなく、良質な植物性タンパク質に満ちています。

●材料（1人前）

ゆで大豆…60g、玉ねぎ…50g、にんじん…30g、トマト…30g、セロリ…20g、いんげん…10g、ベーコン…40g、油…小1、水… 1カップ、調味料A｛トマトケチャップ…小2、ウスターソース…小1、塩・こしょう…少々｝

●作り方

①玉ねぎ、にんじんは皮をむき、セロリは軽くスジをとり、1.5cmくらいの乱切りにし、トマトは粗く切る。

②いんげんはスジをとり、塩ゆでしておく。

③ベーコンは1cm角に切る。

④ねぎ、セロリ、ベーコンを炒める。そこへゆで大豆、にんじん、トマトを入れ、調味料Aを加えて、野菜がやわらかくなるまで煮る（5〜10分）。

⑤仕上げに②のいんげんを入れ盛りつける。

One Point

ゆで大豆は、水煮の缶詰や袋入りを利用できるので手間いらず。

4 ビーンズサラダ

サラダといってもメインは豆。もりもり食べてほしいメニューです。

●材料（1人前）

豆（キドニービーンズや白いんげんなど、ゆでた豆の冷凍または缶詰）… 100g、セロリ…小1/3本、玉ねぎ…1/6個、マッシュルーム…30g、好みの野菜（トマト、レタスなど）…30g、パセリ、パプリカ…少々、調味料A｛酢…大1、砂糖…小2、パプリカ…小1/3、サラダ油…小1/3、牛乳…小1、レモン汁…小1、マヨネーズ…小2、塩・こしょう…少々｝

●作り方

①調味料Aの材料をすべて合わせ、セロリと玉ねぎのみじん切りを入れ、ドレッシングを作っておく。

②豆はゆでよく水切りして、熱いうちに①のドレッシングにつけ込む。

③②の荒熱がとれたら、マッシュルームの薄切りを加え、冷蔵庫で冷やす。

④好みの野菜とともに③を盛りつけ、仕上げにパセリのみじん切りとパプリカを振る。

One Point

豆はドレッシングにつけて一晩ほどおくと味がしみて、よりおいしさアップ。

5 マヨ豆腐グラタン

豆腐は、大豆そのものより消化がよく、カルシウム、鉄も多く含まれています。

●材料（1人前）

豆腐…1丁、塩・こしょう…少々、ハム…2枚、玉ねぎ…1/8個、セロリ…1/4本、粗びき黒こしょう…少々、マヨネーズ…大2、パセリ…適量

●作り方

①豆腐は電子レンジで約2分間加熱し、水切りをする。

②①の豆腐を6～8等分の食べやすい大きさに切り、グラタン皿に入れて塩、こしょうをする。

③ハム、玉ねぎ、セロリをみじん切りにして、マヨネーズと黒こしょうを混ぜ合わせる。

④②の上に③をのせて広げ、オーブントースターで表面に焼き色がつくまで焼く（4～5分）。

⑤仕上げにパセリのみじん切りを散らす。

One Point

おいしく作るポイントは、豆腐の水切りをしっかりすること。

根菜

根菜は土の中で満を持している。太陽に育てられる華やかな青野菜とは逆に、大地の有機エネルギーの貯蔵庫である。根菜の強みは、ちょっとやそっとの加熱では蓄積している栄養素を壊されないことだ。熱に弱くなかなか額面通りには取れないビタミンC源としては最適だ。しかもそのままで保存がきく。日々の食卓のフォローアップには欠かせない。地道な努力をしてきた選手が、主力選手ではできなかったここ一番の役割を確実にこなすように。

1

ささみとくるみのごぼうサラダ

食物繊維の宝庫であるごぼうをもっと身近にするサラダです。

●材料（1人前）

ごぼう…100g、鶏ささみ…60g、くるみ…20g、マヨネーズ…大2、フレンチドレッシング…大1、塩・こしょう…少々、酢水

●作り方

①ごぼうは皮をたわしで洗い落とし、斜め薄切りにし、さらに細く千切りにする。酢水にさらしアク抜きをする。
②①のごぼうを歯ごたえが残るくらいにゆで、ざるに上げ、熱いうちに塩、こしょうをして冷ます。
③鶏ささみはゆでて、水にとってさっと冷まし、細かく割く。
④ボウルにマヨネーズとフレンチドレッシングを入れ混ぜ、ごぼうとささみを入れて和える。
⑤④を盛りつけ、オーブントースターで香ばしく焼いたくるみをトッピングする。

One Point

くるみを増やせばビタミンB、E、ミネラルなどが加わり、疲労回復をサポート。

2

にんじんのカレースープ煮

疲労回復、風邪予防に役立つカロチンをたくさん含むにんじんをカレー味でまとめました。

●材料（1人前）

にんじん…1/2本、玉ねぎ…1/2個、しめじ…25g、パセリ…少々、ハム…2枚、固形スープの素…1/4個、カレー粉…小2/3、塩・こしょう…少々、水…1.5カップ

●作り方

①にんじん、玉ねぎ、ハムは千切りにする。
②しめじは石づきを除いて、小房に分ける。
③鍋に①②のにんじん、玉ねぎ、ハム、しめじを入れ、水1.5カップを入れ、固形スープを加えて火にかける。
④煮立ったら火を弱めカレー粉を加え、野菜がやわらかくなるまで煮る。
⑤塩、こしょうで味を整え、器に盛りつけパセリのみじん切りを散らす。

One Point

選手の好きなカレー味なので、好みの野菜を加えてバリエーションに。

3

里芋とソーセージのグラタン

里芋は芋類の中で一番低カロリー。しかも疲労回復に有効なカリウムを多く含んでいます。

●材料（1人前）

里芋…大2個、ウインナーソーセージ…50g、長ねぎ…1/2本、牛乳…200cc、スープの素…1/2個、バター…10g、小麦粉…大1、パン粉、塩・こしょう・バター…適量

●作り方

①里芋は皮をむき8mmくらいの輪切りにする。ソーセージは1cmくらいの斜め輪切りにする。ねぎは2cm厚の斜め切りにする。
②鍋にバターをとかし、ねぎを炒め小麦粉を入れて炒める。
③②に里芋とソーセージを入れ、牛乳を入れて、スープの素と塩、こしょうを入れて味を整え、里芋がやわらかくなるまで煮る。
④グラタン皿にバターを塗り、③を流し入れパン粉を振って、バターを所々に置き、オーブントースターで焼き色がつくまで焼く。

One Point

里芋というと煮物ですが、グラタン風にすれば選手のウケも上々。

4 大根と牛肉の中華鍋

大根は消化酵素や食物繊維を含むため、食欲増進や消化促進に役立ちます。

●材料（1人前）

大根…1/4本、牛肉（カレー用の角煮）…150g、赤唐辛子…1本、にんにく…1片、中華スープ…2カップ、長ねぎ…1/2本、つけダレ｛長ねぎみじん切り…小2、にらみじん切り…小2、しょうゆ…大1、酢…小1、ごま油、ラー油…少々｝

●作り方

①大根は皮をむき大きめの乱切りにする。

②鍋に大根、牛肉、種を抜いた唐辛子、スライスしたにんにくを入れ中華スープを注いで火にかける。

③沸騰したらアクをとり、弱火にし肉がやわらかくなるまで煮込む（30分〜1時間）。途中煮汁が少なくなったら湯を加え、材料が常にかぶるようにしておく。

④長ねぎを1cm幅の斜め切りにし、仕上げに加えひと煮立ちさせる。

⑤つけダレ材料を混ぜ合わせタレを作る。

⑥鍋につけダレを添え仕上げる。

One Point

牛肉の選択は、時間のない時は薄切りで、時間のある時はスジ肉で。

5 かぶのえびくず煮

かぶの消化酵素で、えびのタンパク質が効果的に消化吸収されます。

●材料（1人前）

かぶ…小3個、むきえび…2尾、だし汁…200cc、砂糖…小2、酒…小2、薄口しょうゆ…小1、塩…少々、水とき片栗粉…適量、おろししょうが…適量

●作り方

①かぶは茎を3cmくらい残して葉を切り落とし皮をむく。

②だし汁、酒、砂糖、しょうゆで煮汁を作り塩で味を調整する。

③煮汁に①のかぶを入れ、弱火で20分くらい煮る。

④えびは背ワタをとり薄い輪切りにしておく。

⑤かぶがやわらかく煮えたら、④のえびを加え3分ほどさっと煮て仕上げる。

⑥かぶを器に盛り、鍋に残ったえびと煮汁を煮立て、水とき片栗粉でとろみをつける。

⑦かぶに⑥のとろみをつけた煮汁をかけて、盛りつける。好みでおろししょうがを添える。

One Point

かぶの葉は栄養価が高いので塩ゆでしてくず煮に入れると、さらにパワーアップ。

発酵食品

食材の微生物が、有益な変化をすれば「発酵」であり、有害になれば「腐敗」となる。現象としてはまったく同じこと。発酵食品というと、においやクセの強いものというイメージがあるが、普通のパンも発酵食品。ただ「クセ」が強いほど発酵の恩恵にあずかりやすい。発酵という過程は、食材に他のどんな食品も持ちえない独自のパワーを与える。善玉菌類だ。ここまで書いてきた食事を、選手が消化吸収する腸を鍛えるためにはどうしても必要だ。

1

キムチとあさりの卵焼き

疲労回復効果のあるキムチを、栄養価の高い食材と組み合わせました。

●材料(1人前)

キムチ…80g、にら…1/4束、あさり水煮(缶詰)…30g、卵…2個、ごま油…小1、サラダ油…小1、炒り白ごま…小2、しらがねぎ…適量、糸唐辛子…適量

●作り方

①白菜キムチとにらは1cm幅に切る。
②ボウルに卵を割り、かき混ぜて、①のキムチとにらを入れ、さらにあさりと炒りごまを入れ混ぜる。
③フライパンにごま油とサラダ油を熱し、両面を焼く。
④食べやすく切って盛りつけ、しらがねぎ、糸唐辛子を好みで散らす。

One Point

辛いのが得意であれば糸唐辛子たっぷりで疲労回復効果は倍増。

2 納豆の大葉包み揚げ

納豆菌が大豆をパワーアップ。ビタミンB_2が強化され、脂肪代謝を促進。

●材料（1人前）

納豆…40g、大和芋…20g、小麦粉…大2、大葉…6枚、しょうゆ・からし…適量

●作り方

①納豆はボウルに入れ、添付のタレ（またはしょうゆ少々）を入れ、かき混ぜる。
②大和芋は皮をむいて①の納豆の中へすり下ろして入れる。
③②の中に小麦粉を加えて、全体をかき混ぜる。
④大葉は洗い、水気をしっかり切り③でできた具を6等分し大葉で包み、170℃の油で手早く揚げる。
⑤皿に盛りつけ、からしじょうゆを添える。

One Point

香りのよい大葉で包み揚げるので、納豆が苦手でも大丈夫。

3 チーズライスコロッケ

牛乳の栄養を凝縮したチーズ。一口サイズのドリアと考えてください。

●材料（1人前）

ごはん…1カップ、モッツァレラチーズ…40g、パセリみじん切り…大1、卵…1/2、塩・こしょう…少々、衣｛小麦粉、とき卵、パン粉…適量｝、揚げ油

●作り方

①ボウルに温かいごはん、1cm角に切ったチーズ、パセリ、卵を入れ、塩、こしょうをして、混ぜ合わせる。
②①を手で3等分し、俵型に丸める。
③②に小麦粉、とき卵、パン粉の順に衣をつける。
④160〜170℃の油で③を静かに入れ、揚げる。

One Point

モッツァレラチーズは、手に入らなければ他のチーズでもOK。

4

チキンのヨーグルトロースト

選手好みのしっかりした味付けながら高タンパク、低脂肪な一品です。

●材料（1人前）

鶏もも肉…1枚、つけダレ｛ヨーグルト…20g、カレー粉…小1/2、レッドペッパー…小1/3、しょうゆ…大1弱、塩…少々、粗びき黒こしょう…適量、玉ねぎ… 15g、セロリ…1/8本、にんにく…1/4片、パセリ…適量、マヨネーズ…大1/2｝

●作り方

①つけダレの材料の玉ねぎ、セロリ、にんにく、パセリはみじん切りにする。
②鶏もも肉は味がしみ込みやすいように皮にフォークなどで穴をあけ、一口大に切る。
③つけダレの材料すべてを混ぜ合わせ、②の鶏もも肉を入れ、1時間以上つけ込む（一晩つけ込むとより味がしみる）。
①オーブン皿にアルミホイルを敷き、③の鶏もも肉を取り出し汁気をふき取らずに皮目を上に並べ、220℃に熱したオーブンに入れ、20〜25分ほど焼く。

One Point

仕上げはしっかり予熱したオーブンで皮を上にしてカリッと。

5

魚介の味噌ミルク煮

味噌とミルクの意外なコンビが独特のうま味を生みます。

●材料（1人前）

白身魚…80g、から付きえび…2匹、あさり…4個、長ねぎ…1/4本、カリフラワー…20g、グリーンアスパラガス…2本、しいたけ…2枚、牛乳…300cc、白味噌…大1〜2、とけるチーズ… 20g、粗びきこしょう…少々、油

●作り方

①白身魚は食べやすい大きさに切る。えびはから付きのまま背ワタをとる。あさりは砂抜きをしてよく洗う。
②長ねぎは斜め薄切り、カリフラワーは小房に分け、下ゆでしておく。グリーンアスパラガスも下ゆでし、3cmくらいの斜め切りにする。しいたけは1枚を半分に切る。
③鍋へ油少々を入れ、長ねぎを炒める。そこへ牛乳を注ぎ、味噌をとき入れる。
④③へ①の魚介と②の野菜を加え、加熱し煮立ったらとけるチーズを加える。
⑤仕上げに粗びきこしょうで味を整える。

One Point

魚介はお好みで何でもOK。
味噌が入るのでごはんのおかずにも。

ドカンと作ろう！

合宿炊き出しメニュー 1日3食6日分

メニューの使い方

■このメニューの材料はすべて1人分です。

■この合宿メニューは、参加人数に合わせて材料を調達しやすいように、材料をすべてグラムで表示しました。

■合宿での炊き出しですので、簡単で大人数調理に向く料理を基準に構成しました。

■この量は正味重量ですので、買い物の際はこれに廃棄量（例えば野菜の皮など）を考慮して用意してください。また、調味料は作る量により、加熱による水分蒸発量などが異なりますので、適宜加減してください。

■1日のエネルギー量は4500～4800kcalで考え、下記の栄養素量を基準として献立を作りました。
＊1日の基準となる必要栄養成分値＊
エネルギー…4500kcal、タンパク質…180g、脂質…135g、炭水化物… 610g、カルシウム… 1600mg、マグネシウム… 800mg、リン…2800mg、鉄…20.0mg、亜鉛…22mg、ビタミンA…2311μgRE、ビタミンD … 13μg、ビタミンE … 20mg、ビタミンB_1 … 2.4mg、ビタミンB_2…3.2mg、葉酸…727μg、ビタミンC…250mg、食物繊維…32g

■ごはんのグラム表示は、炊き上がりではなく米の量です。

■材料はなるべく1年通して用意しやすいものを使いましたが、季節により果物、魚、野菜など入手できない場合は類似したものに変更してください。

■合宿中のカルシウム確保のため、毎食に牛乳をつけました。牛乳を飲めない選手や牛乳に飽きた時などは、他の乳製品などに変更可能です。

■ごはんがたくさん食べられない選手には、好みのふりかけや箸休めを用意してください。

■メニューの一部を、前出の「レシピ集」やお母さん自慢のメニューを変更するなどして、好みでアレンジしてご利用ください。

■作った料理は、写真を撮っておくことをおすすめします。次回のために保存しておけば、野球部の貴重な資料となります。

合宿メニュー例1

【朝食】
■ロールパン
ロールパン…120g、いちごジャム…18g
■ツナオムレツ
卵…120g、玉ねぎ…15g、青ピーマン…15g、赤ピーマン…5g、まぐろフレーク水煮缶…30g、バター…5g、牛乳…15g
■付け合わせ
ケチャップ…10g、レタス…50g、サニーレタス…10g、きゅうり…20g、プチトマト…40g、ドレッシング…10g
■ごぼうサラダ
ごぼう…50g、にんじん…5g、マッシュルーム…10g、スイートコーン(ホール缶)…20g、濃口しょうゆ…12g、みりん…10g、砂糖…1g、酢…5g、マヨネーズ…10g、からし(粉)…0.1g
■コンソメスープ
コンソメ…1.5g、ボンレスハム…20g、マカロニ(乾)…5g、グリーンピース(冷凍)…5g
■オレンジジュース…200g
■コーンフレークプルーン入り
コーンフレーク…40g、プレーンヨーグルト…100g、はちみつ…20g、プルーン(乾)…30g
■牛乳…200g

【昼食】
■強化米入りごはん
精白米…220g、強化米…1g
■付け合わせ
キャベツ…50g、レッドキャベツ…5g、ドレッシング…10g
■豚肉のしょうが焼き
豚もも肉…120g、しょうが…1.5g、油…7g、濃口しょうゆ…12g、酒…10g、みりん…5g
■かぶ・なす・がんもどきの煮物
なす…30g、油…1g、かぶ…80g、がんもどき…50g、にんじん…20g、葉ねぎ…10g、だしの素…1g、みりん…15g、濃口しょうゆ…6g、薄口しょうゆ…6g、塩…1g
■小松菜のお浸し
小松菜…75g、にんじん…5g、もやし…20g、かつお節…1g、だしの素…1g、濃口しょうゆ…5g、みりん…5g、塩…0.5g
■味噌汁
味噌…12g、さつま揚げ…15g、さやえんどう…5g
■果物(グレープフルーツ)…100g
■牛乳…200g

【夕食】
■山菜ごはん
精白米…220g、強化米…1g、しらす干し…20g、生わらび…20g、干しぜんまい…20g、たけのこ…20g、にんじん…10g、油揚げ…10g、だしの素…1.5g、薄口しょうゆ…10g、塩…2g、酒…5g
■さんま塩焼き
さんま…90g、大根…40g
■牛肉・チンゲン菜の中華炒め
牛もも肉…40g、チンゲン菜…80g、たけのこ…30g、干ししいたけ…3g、にんじん…8g、きくらげ（乾）…2g、油…3g、だしの素…1g、コンソメ…1g、薄口しょうゆ…10g、みりん…5g、清酒…5g、塩…1g、こしょう…0.5g
■長芋・なめたけ・オクラの和え物
長芋…80g、なめたけ…20g、オクラ…10g、梅干し…10g、焼きのり…0.4g、酢…5g
■味噌汁
味噌…12g、キャベツ…30g、玉ねぎ…15g
■果物（キウイフルーツ）…100g
■牛乳…200g

合宿メニュー例2

【朝食】
■強化米入りごはん
精白米…220g、強化米…1g
■鶏肉和風ソテー
若鶏もも肉(皮なし)…120g、しその葉…1g、油…10g、薄口しょうゆ…9g、酒…7g、塩…0.8g
■付け合わせ
アスパラガス…30g、マヨネーズ…5g、プチトマト…40g、プロセスチーズ…20g
■えび・野菜中華炒め
キャベツ…50g、玉ねぎ…20g、にんじん…8g、にんにくの芽…10g、えび…50g、にら…20g、中華だし…1g、塩…0.8g、こしょう…0.3g、油…5g
■ほうれん草和風サラダ
ほうれん草…50g、ミックスベジタブル…20g、卵…20g、和風ドレッシング…10g、炒りごま…7g
■味噌汁
味噌…12g、かぼちゃ…30g
■果物(パイナップル生)…100g
■ヨーグルト(カップ)…90g

【昼食】
■強化米入りごはん
精白米…90g、強化米…0.4g
■きつねそば
そば(ゆで)…200g、だしの素…1g、砂糖…3g、本みりん…15g、薄口しょうゆ…12g、濃口しょうゆ…6g、乾燥わかめ…2g、油揚げ…25g（濃口しょうゆ…12g、みりん…10g、砂糖…3g)、かまぼこ…20g
■さばの塩焼き
塩さば…70g、レモン果汁…5g
■すき焼き風煮
牛もも肉…40g、白菜…80g、しらたき…30g、生しいたけ…30g、にんじん…8g、葉ねぎ…10g、だしの素…1g、薄口しょうゆ…6g、濃口しょうゆ…6g、みりん…5g、酒…5g、砂糖…2g
■きゅうりと枝豆の酢の物
きゅうり…30g、もやし…20g、枝豆(冷凍)…20g、酢…15g、砂糖…1.5g、薄口しょうゆ…6g、炒りごま…5g
■果物(オレンジ)…100g
■牛乳…200g
■プリン…95g

【夕食】
■強化米入りごはん
精白米…220g、強化米…1g
■明太子コロッケ
じゃが芋…100g、たらこ…20g、バター…5g、小麦粉…10g、卵…10g、パン粉…10g、油…10g、塩…1g、こしょう…0.5g
■付け合わせ
レタス…50g、赤キャベツ…5g、サニーレタス…10g、ドレッシング…10g
■豚・大根・うずら卵のうま煮
豚もも肉…40g、大根…80g、板こんにゃく…30g、にんじん…20g、ほんしめじ…20g、うずら卵…30g、油…3g、だしの素…1g、濃口しょうゆ…6g、薄口しょうゆ…12g、みりん…10g、酒…5g、砂糖…1.5g
■からし和え
ブロッコリー…60g、まぐろフレーク水煮缶…30g、濃口しょうゆ…10g、砂糖…1g、練りがらし…1g
■味噌汁
味噌…12g、キャベツ…30g、高野豆腐…10g
■果物(グレープフルーツ)…100g
■牛乳…200g

合宿メニュー例3

【朝食】
■強化米入りごはん
精白米…220g、強化米…1g
■さわらの照り焼き
さわら…80g、濃口しょうゆ…12g、清酒…5g、みりん…5g
■豚・にらの炒め物
豚もも肉…40g、豚レバー…20g、にら…40g、もやし…40g、玉ねぎ…20g、にんじん…8g、プチトマト…10g、油…8g、中華だし…1g、濃口しょうゆ…12g、酒…10g、塩…1g、こしょう…0.5g
■なすのごま和え
なす…70g、炒りごま…7g、濃口しょうゆ…6g、みりん…5g、砂糖…1g
■すまし汁
だしの素…1g、薄口しょうゆ…3g、塩…0.5g、えのきたけ…20g、焼き麩…5g
■果物(キウイフルーツ)…100g
■牛乳…200g

【昼食】
■牛野菜丼
精白米…130g、米粒麦…25g、牛肩ロース…50g、さつま芋…40g、玉ねぎ…20g、干ししいたけ…2g、葉ねぎ…10g、卵…80g、油…3g、だしの素…1.5g、濃口しょうゆ…6g、薄口しょうゆ…12g、みりん…15g、酒…5g、砂糖…1g
■ビーフンソテー
焼き豚…40g、ビーフン…20g、キャベツ…30g、青ピーマン…15g、にんじん…5g、中華だし…1g、薄口しょうゆ…10g、清酒…5g、塩…1g、油…5g
■ししゃも…90g
■もずく酢
きゅうり…30g、もずく…50g、酢…15g、薄口しょうゆ…6g、砂糖…1.5g
■味噌汁
味噌…12g、白菜…40g、にんじん…3g
■果物(オレンジ)…100g
■ヨーグルト(カップ)…90g

【夕食】
■強化米入りごはん
精白米…220g、強化米…1g
■えびのチリソース煮
しばえび…90g、たけのこ(水煮)…30g、きくらげ(乾)…2g、グリーンピース(冷)…5g、酒…4g、濃口しょうゆ…5g、油…12g、根深ねぎ…5g、しょうが…2g、にんにく…2g、ケチャップ…9g、豆板醤…1g、みりん…9g、鶏がらスープ…15g、塩…2g、清酒…2g、砂糖…0.5g、片栗粉…1g、水…25g、酢…2g、油…10g
■付け合わせ
サニーレタス…10g、レタス…60g
■冷奴、春巻き
絹ごし豆腐…120g、濃口しょうゆ…6g、葉ねぎ…10g、春巻き(冷凍)…120g、油…6g
■小松菜・まいたけの炒め物
小松菜…50g、まいたけ…30g、卵…20g、油…3g、濃口しょうゆ…5g、塩…0.5g、砂糖…1g
■中華スープ
中華スープの素…1g、キャベツ…30g、ザーサイ…20g
■果物(グレープフルーツ)…100g
■牛乳…200g

合宿メニュー例4

【朝食】
■ぶどうパン
ぶどうパン…120g、ブルーベリージャム…18g
■魚のムニエル
すずき…80g、塩…1g、こしょう…0.5g、小麦粉…8g、卵…15g、パセリ…1g、バター…10g、ケチャップ…10g
■付け合わせ
アスパラガス…30g、プチトマト…40g、マヨネーズ…5g
■ミルク煮
ボンレスハム…20g、ほたて貝柱(生)…40g、マッシュルーム(水煮缶詰)…20g、ブロッコリー…30g、玉ねぎ…20g、カリフラワー…30g、にんじん…20g、スイートコーン(ホール缶)…20g、牛乳…200g、油…3g、小麦粉…8g、塩…1g、こしょう…0.5g
■コーンフレークプルーン入り
コーンフレーク…40g、プレーンヨーグルト…100g、はちみつ…20g、プルーン(乾)…30g
■オレンジジュース…200g
■チーズ(プロセスチーズ)…20g

【昼食】
■強化米入りごはん
精白米…220g、強化米…1g
■納豆…40g
■鶏の唐揚げおろしポン酢
若鶏もも肉…100g、濃口しょうゆ…15g、酒…10g、卵…15g、塩…1.5g、こしょう…0.5g、片栗粉…10g、油…5g、大根…40g、葉ねぎ…10g、ポン酢…45g
■付け合わせ
キャベツ…50g、きゅうり…15g、赤ピーマン…5g、黄ピーマン…5g
■ひじきの炒煮
ひじき(乾燥)…8g、だしの素…0.3g、水…40g、にんじん…10g、油揚げ…10g、油…3g、濃口しょうゆ…7g、砂糖…3g
■ほうれん草おかかバター和え
ほうれん草…50g、ほんしめじ…20g、かに風味かまぼこ…10g、かつお節…0.5g、バター…3g、濃口しょうゆ…6g
■味噌汁
味噌…12g、なす…40g、玉ねぎ…15g
■果物(パイナップル生)…100g
■牛乳…200g

【夕食】
■カレーライス
胚芽精米…175g、福神漬…20g、豚ヒレ肉…100g、プレーンヨーグルト…30g、にんにく…2g、カレー粉…5g、ケチャップ…25g、塩…1.5g、こしょう…0.5g、油…5g、コンソメ…2g、カレールウ…40g、じゃが芋…100g、玉ねぎ…60g、にんじん…40g、アスパラガス…30g、バター…10g
■スパゲティーサラダ
スパゲティー(乾)…20g、きゅうり…20g、玉ねぎ…15g、にんじん…8g、ボンレスハム…20g、塩…0.5g、こしょう…0.1g、ドレッシング…10g、卵…25g、レタス…50g、サニーレタス…10g、トマト…60g
■果物(キウイフルーツ)…100g
■牛乳…200g

合宿メニュー例5

【朝食】

■強化米入りごはん
精白米…220g、強化米…1g
■牛肉・ほうれん草炒め
牛もも肉…70g、片栗粉…2g、卵…60g、玉ねぎ…20g、ほうれん草…70g、にんじん…10g、薄口しょうゆ…10g、清酒…5g、みりん…5g、塩…1g、こしょう…0.5g、油…5g
■納豆
納豆…40g、濃口しょうゆ…6g、しらす干し…10g、炒りごま…5g、葉ねぎ…5g
■大根レモン漬け
大根…40g、にんじん…10g、レモン…6g、酢…5g、砂糖…0.5g、塩…0.3g
■中華スープ
中華スープの素…1.5g、ワンタンの皮…8g、乾燥わかめ…2g
■果物(グレープフルーツ)…100g
■牛乳…200g

【昼食】

■強化米入りごはん
精白米…220g、強化米…1g
■味付けのり…2g
■白身魚和風あんかけ
すずき…100g、片栗粉…10g、塩…1g、油…5g、だしの素…1g、酢…30g、濃口しょうゆ…18g、片栗粉…3g、玉ねぎ…20g、干ししいたけ…2g、にんじん…5g、根三つ葉…2g
■豚・高菜漬けの炒め
豚ロース肉…40g、チンゲン菜…80g、高菜漬け…30g、赤ピーマン…10g、中華スープの素…1g、薄口しょうゆ…6g、塩…0.3g、油…3g
■さやいんげんのごま和え
さやいんげん…50g、焼きちくわ…15g、炒りごま…7g、濃口しょうゆ…6g、砂糖…0.5g
■味噌汁
味噌…12g、ごぼう…20g、にんじん…3g、葉ねぎ…10g
■果物(オレンジ)…100g
■牛乳…200g

【夕食】

■強化米入りごはん
精白米…220g、強化米…1g
■鶏肉のトマト煮
若鶏もも肉…80g、あさり…30g、ブロッコリー…40g、カリフラワー…30g、玉ねぎ…20g、なす…30g、トマトジュース缶…250g、プロセスチーズ…20g、にんにく…1g、塩…0.5g、こしょう…0.1g、コンソメ…1g、油…5g
■ポテトサラダ
じゃが芋… 60g、ミックスベジタブル… 20g、きゅうり…20g、卵…50g、マヨネーズ…10g、酢…5g、塩…0.5g、こしょう…0.1g
■枝豆・レタスサラダ
ベーコン…10g、レタス…50g、赤ピーマン…10g、黄ピーマン… 10g、冷凍枝豆… 30g、マッシュルーム水煮缶詰…15g、塩…0.3g、こしょう…0.1g
■果物(キウイフルーツ)…100g
■牛乳…200g

合宿メニュー例6

【朝食】

■強化米入りごはん
精白米…220g、強化米…1g
■鮭の塩焼き
甘塩鮭…80g
■豚・大豆の味噌炒め
豚ロース肉…50g、ゆで大豆…40g、ほんしめじ…30g、味噌…10g、油…5g、砂糖…1.5g、酒…7.5g
■かぼちゃの煮付け
かぼちゃ…120g、薄口しょうゆ…2g、砂糖…4g、みりん…5g
■ほうれん草のお浸し
ほうれん草…50g、しらす干し…10g、濃口しょうゆ…6g、酢…5g、砂糖…1g
■かき玉汁
卵… 20g、乾燥わかめ…2g、さやえんどう…5g、だしの素…1g、薄口しょうゆ…2g、塩…0.8g
■果物(キウイフルーツ)…100g
■牛乳…200g

【昼食】

■オムライス
精白米… 130g、米粒麦…25g、ロースハム…30g、玉ねぎ…20g、青ピーマン…20g、にんじん…10g、卵…75g、油…5g、ケチャップ…40g
■鶏手羽アジア風煮込み
手羽先肉…90g、小松菜…40g、春雨（乾）…10g、にんにく…1g、唐辛子…0.5g、油…5g、塩…0.7g、コンソメ…1.5g
■サラダ
キャベツ…30g、レタス…30g、トマト…60g、きゅうり…20g、にんじん…5g、ドレッシング…10g
■ピーナツバター和え
さやいんげん…40g、ピーナツバター…3g、濃口しょうゆ…3g
■コンソメスープ
スイートコーン(ホール缶)…20g、パセリ…1g、コンソメ…1.5g
■果物
グレープフルーツ…100g、バナナ…100g
■牛乳…200g

【夕食】

■強化米入りごはん
精白米…220g、強化米…1g
■牛ステーキ
牛ヒレ肉…150g、油…15g、黒こしょう…0.5g、塩…1g、濃口しょうゆ…10g、清酒…10g
■付け合わせ
レタス…60g、ブロッコリー…50g、トマト…40g、ドレッシング…10g
■根菜の煮物
桜えび…10g、里芋…80g、大根(根)…60g、にんじん…30g、干ししいたけ…2g、グリーンピース…5g、濃口しょうゆ…6g、薄口しょうゆ…6g、みりん…4g、砂糖…4g、清酒…7g
■なすの梅和え
なす…80g、梅干し…3g、みりん…4g、ごま油…2g
■中華スープ
ワンタンの皮…8g、チンゲン菜…50g、薄口しょうゆ…3g、根しょうが…1g、中華スープの素…1g
■果物(オレンジ)…100g
■牛乳…200g

献立・調理・表紙おにぎり製作／海老久美子

献立・調理協力／上村香久子、芦沢知恵、木村幸子

参考文献

「五訂日本食品標準成分表」科学技術庁資源調査会編　大蔵省印刷局
「第六次改定　日本人の栄養所要量」厚生省保健医療局健康増進栄養課監修　第一出版
「国民栄養の現状　平成10年度国民栄養調査の結果」健康栄養情報研究会　第一出版
「アスリートのための栄養・食事ガイド」（財）日本体育協会スポーツ医・科学専門委員会監修　第一出版
「からだに効く栄養成分バイブル」中村丁次監修　主婦と生活社
「NEWS LETTER HEALTH DIGEST」雪印乳業健康生活研究所
「ビタミン・バイブル」アール・ミンデル著　小学館

野球食
FOOD FOR BASEBALL PLAYERS

2001年10月31日第1版第1刷発行

著　者／海老久美子
発行人／池田哲雄
発行所／株式会社ベースボール・マガジン社
東京都千代田区三崎町3-10-10　〒101-8381
電話03-3238-0285(出版部)
03-3238-0181(販売部)
振替00180-6-46620

本文製版／株式会社吉田写真製版所
印刷・製本／大日本印刷株式会社

Printed in Japan, ISBN4-583-03669-8 C2075